Monika Specht-Tomann
Wenn Kinder traurig sind

W0229485

Monika Specht-Tomann

Wenn Kinder traurig sind

Wie wir helfen können

Patmos

Bibliografische Information der Deutschen Nationalbibliothek

Die Deutsche Nationalbibliothek verzeichnet diese Publikation
in der Deutschen Nationalbibliografie; detaillierte bibliografische Daten
sind im Internet über http://dnb.d-nb.de abrufbar.

Umschlagmotiv: © plainpicture
Umschlaggestaltung: init . Büro für Gestaltung, Bielefeld
Printed in Germany
ISBN 978-3-491-40136-5
www.patmos.de

Für meine Kinder:
Felix, Lilli, Hanna, Rita

Inhalt

Einleitung

Abschied, Trennung, Verlust, Vergänglichkeit und Sterben gehören sicher zu den »schweren« Themen im Leben von Kindern und brauchen eine behutsame Begleitung. Dies fällt vielen Eltern und Erziehern schwer, sie fühlen sich angesichts von notwendigen Abschieden und Trennungen, von Sterben und Tod häufig verunsichert und möchten »Traurig-Sein« möglichst lange vom Leben der Kinder fernhalten. Oft wird jedoch vergessen, dass es sich beim Thema »Verlust und Abschied« um Ur-Erfahrungen menschlicher Existenz handelt, die jeden Menschen von der Geburt bis zum Tod begleiten, und dass die natürliche seelische Reaktion darauf Trauer ist – das ist bei Kindern nicht anders als bei Erwachsenen.

Viele Situationen im Kinderalltag bieten die Chance und Möglichkeit, erste Erfahrungen im »Land der Trauer« zu machen. Dabei ist nicht nur an große und einschneidende Ereignisse zu denken wie etwa der *Tod eines nahen Verwandten,* die *Scheidung der Eltern* oder der *bleibende Verlust der vertrauten Umgebung.* Es sind gerade die vielen kleinen Anlässe für ein Traurig-Sein, die Verständnis und einfühlsame Begleitung brauchen, damit ein Kind Trauer als eine »Farbe des Lebens« kennen und akzeptieren lernen kann. Bei kleinen Kindern können beispielsweise *zerbrochenes Spielzeug,* verloren gegangene Puppen, Kuscheltiere und andere Spielgefährten heftige Gefühle der Trauer auslösen und für Stunden oder Tage die Kinderwelt verdunkeln. Später sind es häufig *soziale Situationen,* in denen Kinder immer wieder traurige Momente erleben, sei dies durch zeitlich begrenzte Trennungen von der Familie, die Heimweh auslösen können, oder durch Ereignisse, die einen Abschied von guten Freunden notwendig machen, wie es oft beim Wechsel vom Kindergarten in die Schule oder von einer Schule in eine andere der Fall ist. Darüber hinaus berührt auch der Tod auf die eine oder andere Weise immer wieder das Leben von Kindern, sei dies, wenn sie beim Spielen tote Schmetterlinge, Käfer oder andere Tiere finden oder wenn sie den *Tod eines Haustieres* miterleben.

Kinder sind aus vielen Gründen immer wieder traurig. Zum einen können die Ursachen in den eben beschriebenen *externen Situationen* und Ereignissen liegen. Zum anderen gibt es auch eine Reihe *interner Veränderungen,* die jedes Kind im Laufe der Entwicklung erfährt. Da gilt es beispielsweise, liebgewordene Gewohnheiten aufzugeben oder enge Bindungen an Menschen zu lockern. Schritte in neue Lebensabschnitte – und im Kindesalter ist die Abfolge der Neuerungen recht dicht – setzen immer den Abschied vom Alten voraus. Auch das kann traurig machen. In allen Situationen, in denen Kinder aus welchen Gründen auch immer traurig sind, brauchen sie Verständnis und Zuwendung. Sie brauchen eine Hand zum Festhalten und Menschen, die ihnen Mut machen, ihre Gefühle zu äußeren, ihre Betroffenheit auszudrücken und ihre Trauer zu zeigen, um dann immer wieder aufs Neue hoffnungsvoll und freudig in die Zukunft blicken zu können. Trauerbegleitung bedeutet Lebensbegleitung. Und so geht es immer auch darum, das Leben in seiner ganzen Bandbreite vor Augen zu haben, die positiven Momente des Lebens bewusster schätzen zu lernen und sich dem auf den ersten Blick so unterschiedlich wirkenden »Geschwisterpaar Freude – Trauer« behutsam zu nähern.

Angesichts der zahlreichen komplexen Erziehungsaufgaben in einer sich rasch wandelnden Zeit und den immer häufiger werdenden belastenden Situationen für Kinder ist es besonders wichtig, die elterliche Kompetenz zu stärken. Dies kann zum einen durch ein Bewusstmachen jener vielen kleinen persönlichen Verhaltensweisen geschehen, die dem Kind den Boden für ein stabiles Heranwachsen ermöglichen und Raum zur Bewältigung schwieriger Situationen schaffen. Zum anderen geht es darum, Wissen über die wesentlichen Entwicklungsschritte und die damit verbundenen kindlichen Zugänge zu den Menschen und Dingen seiner unmittelbaren Umgebung zu vermitteln. Viele Reaktionsweisen von Kindern, viele Fragen, die sie stellen, und Handlungen, die sie zeigen, werden auf dem Hintergrund dieses Wissens leichter verständlich. Auch kann dadurch eine dem Alter der Kinder entsprechende Begleitung besser gelingen. Dies ist besonders im Zusammenhang mit unterschiedlichsten Verlusterfahrungen wichtig – angefangen von den kleinen Abschieden des Alltags über das Loslassen angesichts notwendiger Veränderungsprozesse bis hin zu existenziellen Erfahrungen mit Tod und Sterben. Das Buch *Wenn Kinder traurig sind* soll Eltern und Erziehern ein Begleiter sein, der ihnen Hilfestellungen und Anregungen für ihren Erziehungsalltag bietet und an konkreten Beispielen Handlungsmöglichkeiten im Umgang mit trauernden Kindern aufzeigt.

Teil I: Kindern Halt geben

1. Mit kleinen Schritten in die Welt der Großen – Bausteine gelingender Erziehungsarbeit

Das Erleben von Verlusten, von Abschied, Trennung und Tod begleitet den Menschen von der Geburt bis zu seinem Tod. Es handelt sich dabei gleichsam um Urerfahrungen menschlicher Existenz. Sie sind weder an einen bestimmten Wissens- oder Entwicklungsstand noch an ein bestimmtes Alter gebunden. Immer wieder berühren Abschied und Tod den menschlichen Lebensweg, legen sich für eine gewisse Zeit wie ein schwarzer Schatten über eine bestimmte Wegstrecke und lösen Gefühle der Trauer aus. Es ist und bleibt eine große Herausforderung, mit diesen Erfahrungen und Gefühlen gut umzugehen und gestärkt die nächsten Lebensschritte gehen zu können. Wichtige Bausteine, die dabei helfen, die Schattenstrecken gut zu bewältigen und dabei die Sonnenseiten nicht aus den Augen zu verlieren, sind die Fähigkeiten, die Gefühle der Trauer zuzulassen, sich einer Gemeinschaft anzuvertrauen und sich begleiten zu lassen. Doch dies ist oft leichter gesagt als getan. Die Bereiche Abschied, Verlust, Sterben und Trauer gehören nach wie vor zu den großen Tabu-Themen unserer Zeit. Unsicherheit, ängstliche Zurückhaltung, Beiseiteschauen und ein Verschieben »auf später« sind nur einige der üblichen Reaktionsweisen, die Trauernde einsam und hilflos zurücklassen.

Wir leben in einer Gesellschaft, die für die belasteten und »dunklen« Wegabschnitte des Lebens wenig Hilfestellungen und rituell abgesicherte Verhaltensweisen bereithält. Doch auch auf der individuellen Seite gibt es eine Reihe von Hürden, die im Zusammenhang mit schwerwiegenden Verlusten sichtbar werden. Sich selbst auf positive Weise mit belastenden Situationen beispielsweise rund um einen schweren Verlust, einen Todesfall oder eine Trennung auseinandersetzen zu können, hängt mit Fähigkeiten zusammen, deren Ansätze im Laufe der Kindheit erworben werden müssen. Es geht dabei um ein tief im Inneren verankertes Wissen, dass »alles gut werden kann«, und das Gefühl, in dieser Welt gut verwurzelt zu sein. Es geht um ein Vertrauen in sich selbst, in die Menschen der näheren und weiteren Umgebung – um ein Vertrauen »in Gott und die Welt«. Doch nicht jedem ist es vergönnt, in Geborgenheit groß zu werden und im geschützten Raum der Familie Schritt für Schritt in die Welt der Großen hineinwachsen zu können. Nicht jeder hat verständnisvolle Menschen um sich gehabt, die zur rechten Zeit die richtige Information, das richtige Wort oder die richtige Geste gefunden haben. Und nicht jeder hat das Glück, in einem Umfeld groß geworden zu sein, in dem die Erwachsenen selbst bereit und in der Lage sind, sich den existenziellen Fragen um Leben und Sterben, Abschied und Verlust zu stellen und das Kind bei der Suche nach Antworten auf diese Fragen zu unterstützen. Die ersten Lebensjahre sind demnach für die weitere Lebensgestaltung ungeheuer wichtig.

Da Entwicklung immer auch Abschied von Altem und Vertrautem bedeutet, wird das Kind immer wieder in Situationen kommen, wo es erfahren kann und muss, dass Leben und Sterben, Lachen und Weinen, Anfang und Ende zusammengehören. Wenn diese Pole des Lebens im Kinderalltag Platz haben und Eltern nicht krampfhaft versuchen, Trauriges möglichst rasch zu verscheuchen oder gar nicht erst zuzulassen, kann auch ein Kind Trauer als heilende Kraft der Seele kennenlernen. Bei diesem Lernprozess ist es für das Kind wichtig und hilfreich, dass es einen vertrauten Menschen hat, der es begleitet. Darum geht es im folgenden Abschnitt.

Erziehung – eine ganz besondere Arbeit

Kinder ins Leben zu begleiten, ihnen jenen Halt zu geben, der sie zu lebensfrohen Menschen werden lässt und sie für Krisenzeiten stark macht, ist Arbeit. Sie ist verbunden mit ganz besonderen Freuden – aber auch mit ganz besonderen Belastungen. Auf der einen Seite sind da viele Augenblicke, in denen einem das »Wunder Leben« bewusst wird; man kann die Welt in einem anderen Licht sehen, empfindet Ehrfurcht und Staunen angesichts der Vollkommenheit kleiner Kinder und deren Lebenskraft. Auf der anderen Seite stehen viele Belastungen, Sorgen, Ängste und Unsicherheiten, die manchmal auch die persönlichen Grenzen aufzeigen.

Die Welt der Erwachsenen ändert sich schlagartig, wenn ein Kind in ihr Leben tritt. Für viele beginnt eine Umstellung ihrer Aktivitäten, die alle Lebensbereiche betreffen und Anpassung, Neuorientierung, Kraft, Kreativität und Geduld verlangen. In der Begegnung und Begleitung von Kindern – dieser sehr speziellen Arbeit – liegen gleichermaßen Herausforderungen wie Chancen. Dies gilt natürlich in erster Linie für die Eltern, die als sogenannte primäre Bezugspersonen für eine gesunde und gute Entwicklung ihrer Kinder besonders wichtig sind. Sie werden zum Dreh- und Angelpunkt der Kleinkinderwelt und sind im Idealfall Quelle der Freude, Liebe und Zuwendung. Wo dies nicht möglich ist, können Kinder nicht gut gedeihen und werden eher Schwierigkeiten haben, sich gut zu entwickeln und vertrauensvoll in die Welt hinauszugehen. Eltern sind im wahrsten Sinne des Wortes Entwicklungshelfer – und dies auf allen Ebenen des kindlichen Heranwachsens, nämlich auf der körperlichen, seelischen, sozialen und geistigen Ebene.

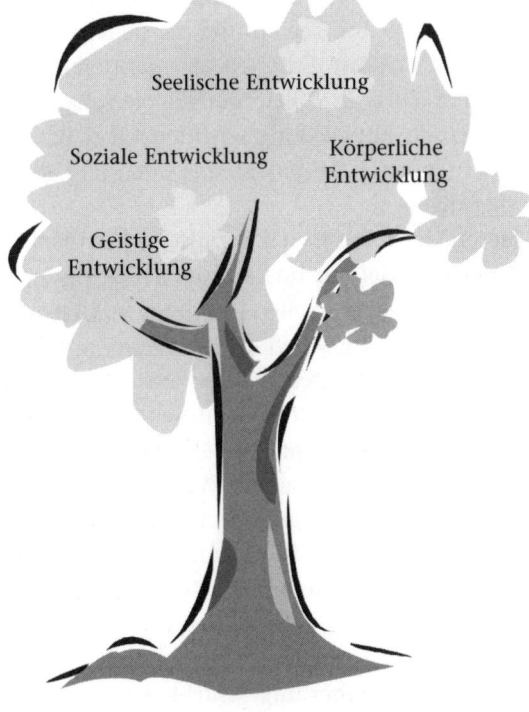

Seelische Entwicklung

Soziale Entwicklung

Körperliche Entwicklung

Geistige Entwicklung

Abbildung 1: Der Erziehungsbaum

13

Wenn sich die zunächst recht kleine und überschaubare Welt der Kleinkinder erweitert, treten zusätzlich noch andere »Entwicklungshelfer« ins Blickfeld. Auch sie werden zu wichtigen Stützen auf dem Weg ins Leben: Verwandte, Freunde der Familie, KindergärtnerInnen, LehrerInnen – sie alle tragen dazu bei, dass sich Kinder orientieren können und Halt finden. Dabei werden von den Erwachsenen Verstand und Herz gleichermaßen gefordert: Es geht zum einen um intellektuelle Anregungen und um das Bereitstellen von Lernmöglichkeiten. Für viele Menschen ist der Begriff »Lernen« eng an »Schule« gebunden und bezieht sich auf Faktenwissen. Doch Lernen ist viel umfassender zu verstehen und bezieht sich auf alle Bereiche des Lebens, umfasst einen lebenslang anhaltenden Prozess des »Nachspürens«. Es ist vergleichbar mit einer Spurensuche, einer Suche nach Orientierung und Wissen, eine Suche nach Anhaltspunkten, um aus Unbekanntem etwas Bekanntes und Vertrautes entstehen zu lassen. Kinder lernen vom ersten Tag an: Sie müssen beispielsweise sich selbst außerhalb des Mutterleibes neu entdecken; sie lernen, sich an Geräuschen, Stimmen, Licht und Schatten zu orientieren, oder versuchen mit unendlichem Eifer, ihre Bewegungen gezielter einzusetzen. So vollziehen sie einen Entwicklungsschritt nach dem anderen. Dabei brauchen sie Anregungen, Unterstützung und viel Lob von den Menschen, die sie umgeben.

Neben diesen vielen konkreten Impulsen im Bereich Lernen stehen auf der anderen Seite Gefühle im Zentrum der Begegnungen zwischen Kindern und Erwachsenen. In allen Handlungen, in jeder Geste, jedem Blick und jeder Berührung schwingen Emotionen mit und überbringen Botschaften. Oft sind es gerade diese versteckten Signale, die deutlich machen, was mit den Worten eigentlich gemeint ist und was sich hinter ihnen verbirgt. Kinder haben dafür besonders feine Antennen und »verstehen« lange bevor sie der Wortsprache mächtig sind »die Sprache des Herzens« nur zu gut. Sie nehmen mit allen Sinnen die ihnen entgegengebrachten Gefühle auf, sie lauschen dem Klang der Stimme, achten auf Art und Tempo der Zuwendung, nehmen die Zartheit der Berührung oder die Flüchtigkeit im Streicheln ebenso wahr wie die mitschwingende Lebensfreude in einem hellen Lachen oder die gute Absicht hinter einer ungeschickten Geste. Manchmal kann man sich geradezu ertappt fühlen, wenn man die Reaktionen von Kindern auf die eigenen Gedanken deutlich sehen kann. Gedanken, Worte und Handlungen sind eng miteinander verwoben und beeinflussen einander, wie es in einem alten Sinnspruch aus dem Talmud trefflich beschrieben wird:

Achte auf deine Gedanken, denn sie werden Worte.
Achte auf deine Worte, denn sie werden Handlungen.
Achte auf deine Handlungen, denn sie werden Gewohnheiten.
Achte auf deine Gewohnheiten, denn sie werden dein Charakter.
Achte auf deinen Charakter, denn er wird dein Schicksal.

Damit Kinder Halt finden, sich entsprechend ihren Möglichkeiten optimal entwickeln und den von außen kommenden Anforderungen gerecht werden können, braucht die kindliche Seele als Grundnahrungsmittel Liebe und die Botschaft: »Ich liebe dich so wie du bist«, »Du bist in Ordnung«, »Du bist wunderbar!« Diese menschliche Grundbotschaft kann sowohl durch Worte als auch durch Gesten zum Ausdruck kommen. Für den täglichen Umgang mit Kindern bedeutet das, dass es mindestens genauso wichtig ist, *wie* mit Kindern gesprochen wird, wie das, *was* gesprochen wird. Kinder brauchen die Erfahrung, um ihrer selbst willen geliebt zu werden; sie brauchen Menschen, die an sie glauben und sie ohne Wenn und Aber annehmen, so wie sie sind. Dieses bedingungslose Angenommenwerden ist ein Geschenk, das das ganze weitere Leben bereichert. Es ist die Basis für Liebesfähigkeit und Selbstvertrauen und hilft in schweren, traurigen und belastenden Momenten, den Glauben an das Gute in der Welt nicht zu verlieren. Erich Fried drückt das in seinem berühmt gewordenen Gedicht *Was es ist* mit folgenden Worten aus:

Was es ist

Es ist Unsinn
sagt die Vernunft
Es ist was es ist
sagt die Liebe

Es ist ein Unglück
sagt die Berechnung
Es ist nichts als Schmerz
sagt die Angst
Es ist aussichtslos
sagt die Einsicht
Es ist was es ist
sagt die Liebe

Es ist lächerlich
sagt der Stolz
Es ist leichtsinnig
sagt die Vorsicht
Es ist unmöglich
sagt die Erfahrung
Es ist was es ist
sagt die Liebe[1]

Für eine gute und harmonische Entwicklung spielen viele verschiedene Momente eine Rolle, doch nicht immer sind es die äußerlich sichtbaren Größen wie materieller Wohlstand oder das Fehlen von Problemen, die entscheidend sind. Es ist in erster Linie die Atmosphäre, in der Kinder groß werden oder einen Teil ihrer Zeit verbringen, die für ihr Wohlbefinden eine wichtige Rolle spielen. In der Alltagssprache verwendet man Begriffe wie »warm«, »kalt«, »eisig«, »herzlich«, um die Qualität von Beziehungen zu charakterisieren und das Klima zwischen Menschen oder in Familien zu beschreiben. Wie sich so ein spezielles soziales Klima »anfühlt«, weiß jeder von uns. Niemand kann sich auf Dauer in einer »eisigen« Atmosphäre entspannen oder wird bereit sein, in einer »kalten« Umgebung sich anderen Menschen zu öffnen. Andererseits kann ein Klima der Herzlichkeit und Wärme ein Gefühl von Geborgenheit vermitteln, das Verängstigten Mut macht, Schüchterne stärkt und Trauernde tröstet. Diese oft schwer fassbaren Stimmungen wirken sich auf die noch offenen und sensiblen Kinderseelen besonders stark aus und hinterlassen Spuren.

In diesem Zusammenhang sei noch auf den Unterschied zwischen einer momentanen Stimmungslage und einem überdauernden Gefühlszustand hingewiesen. Gerade Reaktionen auf dramatische Ereignisse wie etwa Verlustsituationen oder soziale Katastrophen können punktuell jedes auch noch so »warm« getönte soziale Klima verwandeln. Mit einem Schlag kann sich die Welt durch einen Schicksalsschlag verändern, und Schwermut, Düsternis und Trauer legen sich für Tage, Wochen oder Monate über die Mitglieder einer Familie. Davon sind Kinder nicht ausgenommen. Doch wird es ganz entscheidend von der Reaktion der Erwachsenen und ihrem Umgang mit den Kindern abhängen, wie diese Ereignisse und ihr emotionaler »Hof« eingeordnet und verkraftet werden können. Dies gilt auch bei Ereignissen, die nicht durch einen konkreten Verlust in unmittelbarer Nähe der Kinder gekennzeichnet sind. Die Verunsicherung, welche Bedrohungen aller Art auch bei Erwachsenen auslösen und oftmals ihren Glauben an die Welt und eine tragende, schützende Kraft dahinter ins Wanken bringt, bleibt Kindern nicht verborgen. Hier braucht es ehrliche und offene Worte, Geduld und die Bereitschaft, gemeinsam nach kleinen Zeichen der Solidarität zu suchen. Rainer Maria Rilke beschreibt dies so:

Und ich möchte Sie, so gut ich kann,
bitten, lieber Herr, Geduld zu haben
gegen alles Ungelöste in Ihrem Herzen
und zu versuchen, die Fragen selbst
lieb zu haben wie verschlossene Stuben
und wie Bücher, die in einer sehr fremden
Sprache geschrieben sind.
Forschen Sie jetzt nicht nach den Antworten,
die Ihnen nicht gegeben werden können,
weil Sie sie nicht leben könnten.
Und es handelt sich darum, alles zu leben.
Leben Sie jetzt die Fragen.
Vielleicht leben Sie dann allmählich,
ohne es zu merken, eines fernen Tages
in die Antwort hinein.[2]

Kinder lernen Vertrauen und entwickeln
ihre eigene Weltsicht

In jedem Menschenleben wird es eine Reihe von Situationen und Erfahrungen geben, die schwer zu verarbeiten sind. Manche Menschen fallen in ihrem Familien- und Freundeskreis dadurch auf, dass sie mit einem ungebrochenen Optimismus durch die großen und kleinen Tragödien und Katastrophen des Lebens gehen. Andere wiederum brechen schon bei kleinen Unstimmigkeiten und relativen Kleinigkeiten zusammen und finden nur unter großen Mühen jene Kraft, die für eine Bewältigung größerer Krisen nötig ist. Hier stellt sich die Frage, womit dies zusammenhängt und ob bzw. wie man in der Begleitung von Kindern einen Beitrag leisten kann, diese konflikt- und krisenfähig zu machen und ihnen das Bild einer guten Welt und guter Menschen sowie den Glauben an das eigene Gutsein vermitteln kann. Der Blick auf die Situation kleiner Kinder, die sich in ihrer Abhängigkeit von liebenden Erwachsenen so ganz und gar an diesen orientieren, erhellt mögliche Zusammenhänge.

In den ersten Jahren eines Kinderlebens wird der Grundstein dafür gelegt, ob »die Welt an sich« als gut und schön erlebt werden kann und ob man Menschen vertrauen darf. Ganz zu Beginn spielt die sogenannte primäre Bezugsperson – dies ist in den meisten Fällen die Mutter – und ihre Bereitschaft, sich auf das Kind ganz einzustellen und eine gebende und liebende Beziehung aufzubauen, die wichtigste Rolle beim Entstehen von Vertrauen. Nach und nach treten andere Personen in das Blickfeld des Kindes und erlangen für den weiteren Ausbau und die Stabilität des Gefühls Vertrauen – des Urvertrauens – an Bedeutung. Der Begriff »Urvertrauen« ist längst nicht mehr nur ein wissenschaftlich verwendeter Begriff aus der Disziplin der Psychoanalyse. Mit Urvertrauen meint man gemeinhin ein ganz tief sitzendes Gefühl von Geborgenheit. Es ist das Gefühl, gut aufgehoben zu sein in dieser Welt und von wohlwollenden, liebenden Menschen durchs Leben getragen zu werden. Dieses Gefühl ist die Grundlage für einen vertrauensvollen Umgang mit sich selbst, mit anderen Menschen und mit der ganzen Welt. Martin Buber beschreibt dies mit den Worten:

Vertrauen, Vertrauen zur Welt, weil es diesen Menschen gibt – das ist das innerlichste Werk des erzieherischen Verhältnisses. [...] Weil es diesen Menschen gibt, ist gewiss in der Finsternis das Licht, im Schrecken das Heil und in der Stumpfheit der Mitlebenden die große Liebe verborgen. Weil es diesen Menschen gibt. Und so muss denn aber dieser Mensch auch wirklich dasein.[3]

Die Wurzeln des Urvertrauens reichen in die ersten Wochen und Monate des Lebens zurück, in denen die kleinen Erdenbürger noch ganz und gar auf die liebende Fürsorge der Erwachsenen angewiesen sind. Der Anblick von Neugeborenen bringt die meisten Menschen andächtig zum Staunen und macht sie sensibel für das Wunder des Lebens. In der Abhängigkeit, Bedürftigkeit und Schutzlosigkeit kleiner Kinder liegt etwas zutiefst Menschliches. Verglichen mit Neugeborenen aus dem Reich der Tierwelt kommen Menschenkinder äußerst »unvollkommen« auf die Welt: Sie können nicht reden, sie können nicht gehen und sind in allem auf die Hilfe anderer angewiesen. Erst mit einem Jahr entspricht ihr Können demjenigen neugeborener Säugetiere, die innerhalb weniger Minuten nach der Geburt bereits auf den – wenn auch wackligen – Beinen stehen und erste Schritte unternehmen.

Anstelle der schützenden und bergenden Gebärmutter muss bei Menschenkindern der sogenannte »soziale Uterus« treten, um ein gesundes Großwerden zu ermöglichen. Man kann sich den sozialen Uterus auch als soziales Netz vorstellen, das von den einzelnen Familienmitgliedern, den Freunden und allen Menschen geknüpft wird, die die Welt des kleinen Kindes bevölkern. Sie alle schaffen mit ihrer Liebe, Zuwendung und Verlässlichkeit den Nährboden für kindliches Wohlergehen und Wachstum. Und so kann das kleine Kind in seinen ersten Wochen und Monaten langsam »Vertrauen in das Vertrauen« lernen. Rilke beschreibt dies mit den Worten:

So bin ich nur als Kind erwacht,
so sicher im Vertraun
nach jeder Angst und jeder Nacht
dich wieder anzuschaun.[4]

19

Abbildung 2: »... und jedem Anfang ...«

Nicht allen Kindern ist es geschenkt, in einer liebenden und Halt gebenden Umwelt aufzuwachsen. An die Stelle des so wichtigen Urvertrauens rückt dann das Urmisstrauen, ein Gefühl, niemandem im Leben wirklich glauben und vertrauen zu können. Übergroße Ängstlichkeit, Mutlosigkeit und eine abwartend bis abwehrende Haltung gegenüber anderen Menschen kann man oft bei Kindern feststellen, die in den ersten Monaten und Jahren keine Wärme und keinen Schutz erleben konnten. Fehlen jedoch positive, Vertrauen fördernde Erfahrungen, wird sowohl die gesamte kindliche Entwicklung beeinträchtigt als auch der spezielle Aufbau vertrauensvoller Beziehungen – zu sich selbst, zu anderen und zur Welt – erschwert. Begegnungen mit einfühlsamen und vor allem verlässlichen Menschen können zwar auch in späteren Jahren noch helfen, langsam Vertrauensschicht um Vertrauensschicht aufzubauen, doch wird bei den Betroffenen meist eine gewisse seelische Labilität zurückbleiben. Verlustsituationen, krisenhafte Ereignisse, von außen einwirkende Veränderungen sowie Bedrohungen aller Art bringen in diesem Fall nicht nur die äußere Welt ins Schwanken, sondern können leicht das Gefühl des schutzlos Ausgeliefertseins verstärken. Hier muss in der Begleitung die Beziehung im Mittelpunkt (»Beziehungsarbeit«) stehen, eine ehrliche Zuwendung, die Pflege von Gesprächen und gemeinsame Aktionen gegen die Sprachlosigkeit angesichts von Verlustsituationen und bedrohlich wahrgenommenen Ereignissen.

Eltern und andere wichtige Bezugspersonen spielen nicht nur beim Entstehen einer grundsätzlich vertrauensvollen Haltung der Kinder eine Rolle. In Anlehnung an das, was im engeren sozialen Umfeld der Familie erlebt und erfahren wird, entwickeln Kinder Schritt für Schritt ihre eigenen Vorstellungen von der Welt, von sozialen Regeln und einem sinnvollen Leben. Das Menschen- und Weltbild von jüngeren Kindern wird zum einen von den geistig-seelischen Möglichkeiten bestimmt, die alterstypische Muster zeigen, wie es gerade auch im Zusammenhang mit der Entwicklung der kindlichen Vorstellung über Tot-Sein – das sogenannte Kindliche Todeskonzept – zu beobachten ist (vgl. Teil I, S. 25 ff.). Zum anderen spiegelt es die jeweils vorhandene soziale Wirklichkeit wider. Kinder sind neugierig und hellhörig, sie sind wissbegierig und suchen Orientierungspunkte. Und so wundert es nicht, dass sie wie ausgetrocknete Schwämme alles aufsaugen, was sie hören und sehen, »erahnen« und »erspüren«. Das elterliche Verhalten und ihre Sicht der Dinge, ihre Werte und Normen werden Kindern in den Jahren ihrer Entwicklung zu einem ganz wesentlichen Modell. Es sind die erlebbaren Einstellungen, Überzeugungen und sozialen wie politischen Haltungen der Eltern und begleitenden Erwachsenen, die eine erste Richtung vorgeben und ein erstes noch unscharfes und grobkörniges »Gut« oder »Böse« vermitteln. Durch die vielfältigen Erfahrungen, die das Leben bereits für kleine Kinder bereithält, werden diese Bilder einer »guten« oder eben »schlechten Welt«, »guter« oder eben »schlechter Menschen« verfeinert und differenziert, erweitert und ergänzt. Parallel dazu entstehen Vorstellungen von Verhaltensmöglichkeiten, das Gute für das eigene Leben zu bewahren, zu vergrößern und gegebenenfalls zu verteidigen. Die eigenen Lebenserfahrungen werden schließlich mit den Erfahrungen anderer Kinder und Erwachsenen in Bezug gesetzt und in einem größeren sozialen Rahmen begriffen.

Der Blick auf einige wichtige Aspekte in den ersten Lebensabschnitten von Kindern hat bereits gezeigt, wie wichtig, bunt und vielfältig die Aufgaben, Chancen und Möglichkeiten von Eltern sind. Viele Samen müssen in dieser ersten Zeit gelegt werden, die dann als kleine Keime ins Leben kommen und bei richtiger Pflege nach und nach zu kräftigen Pflanzen werden können. Im Laufe des Zusammenlebens mit Kindern werden Erwachsene viele Rollen einnehmen müssen und dürfen. Sie werden viele verschiedene Samen legen können, aber auch für die jeweils günstigsten Wachstumsbedingungen und das günstigste Klima Sorge tragen müssen. Dabei werden im Wesentlichen immer sogenannte erzieherische Kompetenzen der Erwachsenen angesprochen – ob man diese nun mit den Worten Begleiter, Vertrauensperson, LehrerIn, Bezugsperson oder ErzieherIn umschreibt. Die Palette der geforderten Fähigkeiten ist groß. Dies gilt bereits für die Bewältigung normaler Alltagssituationen. Wenn jedoch Abschied, Krankheit, Tod und Trauer das Leben von Familien berühren, wird nur allzu deutlich, welch große Herausforderung eine gute und hilfreiche Begleitung von Kindern darstellt.

Der Erzieher, ein Gärtner
Die Arbeit des Erziehers gleicht der eines Gärtners, der verschiedene Pflanzen pflegt. Eine Pflanze liebt den strahlenden Sonnenschein, die andere den kühlen Schatten; die eine liebt das Bachufer, die andere die dürre Bergspitze. Die eine gedeiht am besten auf sandigem Boden, die andere im fetten Lehm. Jede muss die ihrer Art angemessene Pflege haben, andernfalls bleibt ihre Vollendung unbefriedigend.

Abdu'l-Baha[5]

Eltern haben es nicht immer leicht

Jede gesunde kindliche Entwicklung durchläuft verschiedene Stationen, in denen potenzielle Gefahren lauern. Manche Übergänge von einem bestimmten Lebensabschnitt in einen anderen gehen nicht so glatt über die Bühne, wie es in Lehrbüchern steht oder von wohlmeinenden Verwandten erwartet wird. Wo Leben ist, da geht's hoch her – das gilt ganz besonders für das Leben mit Kindern! Was ist damit gemeint? Die ersten Kindheitsjahre sind prall gefüllt mit Wachsen, Veränderung, Neuorientierung, Neugestaltung und Umbruch. Mit rasantem Tempo werden Dinge gelernt, Fähigkeiten erweitert und Erlebtes neu geordnet. Das erfordert von Eltern und Erziehern eine hohe Flexibilität und die Fähigkeit, selbst wieder mit den Augen der Kinder sehen zu lernen und ein Stück in ihren Schuhen zu laufen. Dieses Hineinschlüpfen in die Welt der Kinder bringt einem die Kinderwelt wieder ein Stück näher und macht sie begreifbarer. Mit einem Mal öffnen sich schon längst verschlossene Türen, und alte Melodien klingen ans Ohr: Kinderfreud' und Kinderleid sind nicht mehr fremd, sie werden wichtig und können auf ganz besondere Weise ernst genommen werden. Das Sich-Öffnen der Erwachsenen hin zu den kleinen und großen Freuden der Kinder, aber auch zu deren Fragen, Sorgen und Ängsten schafft Vertrauen. Manchmal kann das aber auch zu einer gewissen Überforderung oder zumindest zu einer Verunsicherung auf Seiten der Eltern und Begleiter führen. Die meisten Menschen macht es sehr betroffen, wenn sie auf existenzielle Kinderfragen keine Antwort wissen oder wenn sie angesichts der Tragik von Geschehnissen selbst verstummen.

Häufig wird mit »Kindsein« die Vorstellung oder die Sehnsucht von einer Zeit voller Freude, hellem Sonnenschein und heiterem Lachen verbunden. So heißt es etwa in einem alten Kindervers:

> Vögel, die nicht singen,
> Glocken, die nicht klingen,
> Pferde, die nicht springen,
> Pistolen, die nicht krachen,
> Kinder, die nicht lachen,
> was sind das für Sachen?[6]

Hinter der fast vorwurfsvoll klingenden Frage: »Kinder, die nicht lachen, was sind das für Sachen?« lässt sich auch der Wunsch heraushören, dass es Kinder leicht und schön haben sollen. Dieser Wunsch, diese »Grundsehnsucht« ist es, die so manche Erwachsenen dazu verleitet, Kinder von den dunklen Seiten des Lebens fernhalten zu wollen. Und so kommt es, dass sich sehr viele Eltern und Menschen, denen Kinder anvertraut sind, in der Konfrontation mit kindlichen

Nöten und Traurigsein hilflos und überfordert fühlen. Das ist etwas durchaus Verständliches und kommt sehr oft vor. Es ist schmerzhaft, mit ansehen zu müssen, wie schnell sich Unbeschwertheit und Lachen in Bedrücktheit und Tränen verwandeln können – manchmal scheinbar grundlos wie aus heiterem Himmel, dann wieder mit gutem Grund und gut nachvollziehbar. Es tut weh, Kinder stolpern zu sehen und die Steine nicht von ihrem Lebensweg wegräumen zu können. Und manchmal ist man selbst den Tränen so nahe angesichts von Abschieden und Problemen, von Leid und Trauer.

Oft kommt man auch an die eigenen Grenzen: die Grenzen der Geduld, der Zeit, des Verstehens und nicht zuletzt die Grenzen der eigenen Betroffenheit. Es ist mitunter bedrückend und belastend, sich eingestehen zu müssen, dass man selbst ratlos ist und nicht weiß, wie man mit den eigenen Gefühlen und Gedanken umgehen soll. Dies gilt ganz besonders im Zusammenhang mit dramatischen Ereignissen und tiefgreifenden seelischen Erschütterungen. Es macht betroffen, wenn Abschied und Verlust oder Krankheit, Tod und Trauer vor der eigenen Tür nicht Halt machen und ihre Schatten werfen. Doch auch Meldungen, die über Bildschirm und Äther Verwüstung, Tod und Leid in die eigenen vier Wände bringen, verunsichern und werden zunehmend zum Gesprächsthema von Kindern. So viele Fragen tauchen auf – und bleiben in den meisten Fällen unbeantwortet. Das alles bedeutet jedoch nicht, dass es keine Möglichkeiten gibt, Kindern hilfreich zur Seite zu stehen. Neben der Bereitschaft, sich selbst mit Fragen der Endlichkeit, mit Abschied, Verlust und Trauer auseinanderzusetzen (vgl. Teil III, S. 106 ff.) besteht eine hilfreiche Grundhaltung darin, über die Welt der Kinder Bescheid wissen zu wollen und sich mit ihrer Sichtweise vertraut zu machen. Im folgenden Abschnitt wird die kindliche Entwicklung in groben Zügen nachgezeichnet, das kindliche Weltbild skizziert und sowohl hinsichtlich ihrer Bedeutung für den Umgang mit den kleinen und großen Verlusten des Kinderalltags beleuchtet als auch für das Verständnis von Vergänglichkeit und Tod.

2. Das kindliche Weltbild – seine Bedeutung für den Umgang mit Verlust, Abschied und Tod

Kinder sind im Laufe ihrer Entwicklung einem großen Wandel der Gefühle und Gedanken ausgesetzt. Die seelisch-geistigen Prozesse bestimmen das Herangehen an Menschen, Dinge und Situationen. Dies gilt für Alltagssituationen ebenso wie für Ausnahmesituationen und schwerwiegende Verluste und macht auch vor dem Thema Tod nicht Halt. Viele Reaktionen von Kindern werden verständlich, wenn man weiß, wie Kinder in einem bestimmten Alter ihre Umwelt wahrnehmen und verstehen. Kleinen Kindern fällt beispielsweise der Abschied von Mama oder Papa oft so schwer, weil sie mit Aussagen wie »In einer Stunde bin ich wieder da!« nichts anfangen können. Sie leben ganz im Hier und Jetzt und haben zunächst noch keinen konstant bleibenden Zugang zu Zeitbegriffen. Der Schmerz einer Trennung – und sei es auch nur für kurze Zeit – steht im Vordergrund. Trostworte können nur dann wirklich hilfreich sein, wenn sie sich an der Gefühlswelt und den Denkmöglichkeiten der jeweils betroffenen Kinder orientieren. Wie sehr das Alter und der Entwicklungsstand eines Kindes mit seinem Verständnis von Lebenszusammenhängen verbunden ist, wird am Beispiel des kindlichen Zugangs zum Tod besonders deutlich. Um »Tot-Sein« so erfassen und begreifen zu können, wie wir Erwachsenen das tun, müssen Kinder erst einmal in der Lage sein, zwischen belebten und nicht-belebten Dingen zu unterscheiden, Zeitbegriffe wie »gestern – heute – morgen« zu erfassen, eine Beziehung zwischen Ursache und Wirkung herzustellen und einen Zugang zur sogenannten historischen Seite des Lebens zu finden.

Im Folgenden wird – basierend auf den Erkenntnissen der Entwicklungspsychologie[7] – in einem ersten Schritt die Entwicklung der Kinder in groben Zügen nachgezeichnet. Die Zusammenschau jener Aspekte, die für ein bestimmtes Alter jeweils typisch sind, soll Eltern erleichtern, die Welt der Kinder aus deren Perspektive zu betrachten und einen besseren Zugang zu alterstypischem Verhalten zu bekommen. In einem zweiten Schritt wird versucht, alterstypische geistig seelische Fähigkeiten und Möglichkeiten hinsichtlich ihrer Bedeutung für das Verständnis von Trennungen und Verlustsituationen zu beleuchten. Die Begegnung mit Sterben und Tod stellt im gesamten Erfahrungsbereich Abschied, Trennung und Verlust die Extremsituation dar. Wie Kinder damit umgehen, welchen Zugang sie finden können und welche Strategien ihnen für eine Bewältigung zur Verfügung stehen, wird entscheidend von ihrem Entwicklungsstand, d. h. ihrem seelisch-geistigen Alter beeinflusst. Und so wird im Folgenden auch der Frage nachgegangen: »Was bedeutet Tot-Sein für Kinder unterschiedlicher Altersgruppen?«

Die Welt des Kleinkinds

Allgemeine Merkmale

Wie sieht die Welt des Kleinkinds aus und welche Stationen legt es von der Geburt bis etwa zu seinem dritten Lebensjahr zurück? Das Neugeborene und der junge Säugling sind vollständig auf die Zuwendung einer Pflegeperson angewiesen. Für Kinder dieses Alters erschließt sich die Welt nur über diesen Menschen – man könnte sogar sagen: »Die Welt ist dieser Mensch.« Umso wichtiger ist es, dass ein stabiles und festes Band zwischen dem Kind und diesem Menschen aufgebaut werden kann. Dass dies gelingt, hängt zum einen von den inneren und äußeren Bedingungen ab, die das Leben der Mutter und anderer wichtiger Bezugspersonen bestimmen. Zum anderen sorgen verschiedene kindliche Merkmale dafür, dass im Erwachsenen Gefühle der Fürsorge ausgelöst werden. An erster Stelle sei hier das typische Aussehen kleiner Kinder genannt, das auch unter der Bezeichnung »Kindchenschema« bekannt ist: Mit großen Augen, runden Pausbäckchen, einer vorgewölbten Stirn und einem im Verhältnis zum Körper großen Kopf begeistern die Kleinen die Menschen ihrer Umgebung und lösen Zuwendung aus. Auch typische Laute und das Lächeln sind wichtige Signale des Kindes und laden zu »Gesprächen« mit Gesten, Blicken und Lauten ein.

Im ersten Lebensjahr muss das Kind ein enormes Lernpensum erledigen. An die Stelle von reflexgesteuerten Handlungen treten nach und nach gezielte Aktivitäten, die durch wiederholtes Üben erweitert, vervollständigt und perfektioniert werden. Mit etwa einem halben Jahr macht das Kind in seiner Wahrnehmungsfähigkeit große Fortschritte; nach und nach lernt es, zwischen bekannten und unbekann-

Abbildung 3: Das Kindchenschema weckt Fürsorge und Zuwendung

ten Gesichtern zu unterscheiden, und seine sozialen Reaktionen schränken sich auf einige wenige vertraute Menschen ein. Dieser Prozess gipfelt dann in der sogenannten Achtmonats-Angst, die auch als »Fremdeln« bekannt ist und einen großen und wichtigen Entwicklungsschritt markiert. Für viele Eltern ist es eine Entlastung, wenn sie diese kindlichen Reaktionen als positives Zeichen werten können. Gleichzeitig ist darauf hinzuweisen, dass ein frühes Gewöhnen des Kindes an mehrere verlässliche Menschen die Reaktion des Fremdelns abschwächt.

Das Experimentieren mit verschiedenen Gegenständen – Bauklötzchen, Spieltieren, Rasseln – macht das Kind sicherer im Umgang mit seinen Händen und stärkt seine Fähigkeit, alle Bewegungen miteinander zu verbinden und zu koordinieren. Auch beginnt das Kind langsam zu begreifen, dass Gegenstände unabhängig davon existieren, ob sie im Moment sichtbar sind oder nicht. Noch passieren dem Kind »Fehler«, und es wird beispielsweise einen Gegenstand an einem vertraut gewordenen Ort suchen und nicht dort, wo man es sogar vor seinen Augen versteckt hat. Doch unaufhaltsam schreitet das Kind auf seinem Weg der Differenzierung und Erweiterung seiner Möglichkeiten fort. Um den ersten Geburtstag herum ist aus einem zarten, hilflosen, kleinen, mit vielen Instinkten und Reflexen ausgerüsteten Säugling ein Kind geworden, das bereits die ersten Schritte versucht, die ersten Worte bildet und mit dem Erobern seiner näheren Umgebung voll beschäftigt ist. Es beginnt die Zeit des aktiven Experimentierens, und damit wird die Welt auch unsicherer.

Bis zum zweiten Lebensjahr vollziehen sich Veränderungen, die eng mit der geistigen Entwicklung des Kindes zusammenhängen und dazu führen, dass sich das Kind immer öfter bestimmte Handlungen auch vorstellen kann und nicht mehr alles unbedingt ausprobieren muss. Darin sah der große Schweizer Entwicklungspsychologe Jean Piaget (1896–1980) das »Erwachen der Intelligenz«. Was das Gedächtnis betrifft, ist festzuhalten, dass viele Erlebnisse bei kleinen Kindern nicht so sehr in dem noch wenig ausgeprägten Tatsachengedächtnis Spuren zurücklassen als vielmehr im emotionalen Gedächtnis. Gefühle, die bei bestimmten Ereignissen – etwa bei Todesfällen im unmittelbaren Umfeld – auftreten und sich in das emotionale Gedächtnis einbrennen, können dadurch oft Jahre später in ähnlichen Situationen wieder neu belebt werden. Es ist, als würde sich die Seele an die Gefühle von damals erinnern.

Ein Zweijähriges verfügt schon über einen relativ großen Wortschatz von rund 200 Wörtern und ist in der Lage, Gegenständen, Menschen und Orten bestimmte Wörter zuzuordnen. Für die Eltern beginnt die spannende Zeit des sogenannten Fragealters. Hier ist es besonders wichtig, dass das Kind Antworten bekommt, keine großartigen »wissenschaftlichen« Erklärungen, sondern ganz einfache Antworten. Dadurch wird sein großes Bedürfnis gestillt, die Welt um sich herum in eigenen Worten zu begreifen und überschaubar zu machen. Auch das Üben und der spielerische Umgang mit Lauten, Klangbildern und eigenen Worterfindungen gehört zum Leben eines Kleinkindes. Fehlen dem Kind geduldige Begleiter, hört es schon recht bald auf zu fragen und sich fragend auf die Welt hinzubewegen. Es wird sich rasch daran gewöhnen, neben und mit Dingen zu leben, deren Namen es nicht kennt und die dadurch auch nicht Teil seiner Welt werden können. Dies bewirkt nicht nur eine Verarmung der sprachlichen Entwicklung, sondern kann auch dazu führen, dass die Umwelt fremd und zunehmend bedrohlich wahrgenommen wird. Nicht umsonst wird gerade im Zusammenhang mit kindlichen Reaktionen auf Trennung und Verlust und den damit auftretenden Ängsten die Bedeutung der Sprache hervorgehoben. Gelingt es dem Kind, seine Gefühle zu benennen, ist bereits ein erster Schritt zur Bewältigung getan. Und so ist das geduldige Eingehen auf die vielen Fragen der Kinder in gewissem Sinne eine vorbereitende Hilfestellung zur Bewältigung von Situationen, die immer wieder auch das Leben von Kindern berühren: Erfahrungen mit der Endlichkeit des Lebens, mit Abschied und Verlust. Kinder, die schon früh gelernt haben, ihre Wahrnehmungen und Gefühle in Worte zu kleiden, werden auch im Umgang mit schwierigen Situationen durch die Mitteilung und das Gespräch Entlastung finden. Wenn sie von klein auf erfahren, dass auch die dunklen Seiten des Lebens – ihres Kinderlebens – benannt und angesprochen werden können, macht das Mut und schafft Erleichterung. Hier wird ein wichtiger Grundstein für einen offenen und ehrlichen Umgang mit belastenden Gefühlen gelegt, mögen die Anlässe des Traurigseins Erwachsenen auch noch so harmlos und belanglos erscheinen.

In der Begleitung von Kindern ist daran zu denken, dass der passive Wortschatz von kleinen Kindern beträchtlich größer ist als der aktive, d. h. sie verstehen ungleich mehr, als sie selbst ausdrücken können. Auch spielt der emotionale Hof, in dem bestimmte Dinge besprochen werden, eine enorme Rolle. Hier mag auch der Grund dafür liegen, dass Kinder aus scheinbar unerfindlichen Gründen vor bestimmten Menschen, Orten oder Situationen eine gewisse Scheu entwickeln. In vielen Aussagen der Erwachsenen und in ihrem Verhalten schwingen Betroffenheit, Trauer oder Unsicherheiten mit, die das Kind wie ein Schwamm aufsaugt. »Gefühle sind ansteckend«, weiß schon der Volksmund zu berichten und wie wahr dieser Satz ist, zeigt sich gerade auch im Zusammenleben mit sehr kleinen Kindern.

Typische Merkmale des Kleinkindalters von der Geburt bis zu einem Alter von etwa drei Jahren:

- Angeborene Reflexe und Reaktionen stehen beim Neugeborenen im Vordergrund.
- Entwicklung typischer Bewegungsmuster aus einer Kombination von angeborenen und erworbenen Fähigkeiten.

- Aufbau von Beziehungen zur Mutter und anderen nahestehenden Menschen.
- Nach und nach unterscheidet das Kleinkind zwischen »bekannt« und »unbekannt«.
- Allmähliche Unterscheidung zwischen Gegenständen, die immer an Ort und Stelle bleiben, und anderen, die sich hin und her bewegen.
- Nach und nach lernt das Kind, dass Gegenstände und Personen auch dann existieren, wenn es sie nicht unmittelbar sehen kann.
- Verschiedene Handlungen können auch nur vorgestellt, also »in Gedanken« ausgeführt werden.
- Kleinkinder verfügen über ein ausgeprägtes emotionales Gedächtnis.
- Weitere Entwicklungsprozesse gehen vom »Liegen zum Stehen« und vom »Artikulieren einzelner Laute zur Sprache«.
- Das Gefühl für das eigene ICH entsteht: Das Kind erlebt sich als eine Person, die von anderen Menschen und seiner Umgebung getrennt ist.

Welche Bedeutung haben Verlust, Abschied und Tod für Kleinkinder?

Kinder unter drei Jahren sind in den meisten Fällen in ein Familiensystem eingebettet, das ihnen den nötigen Rückhalt bietet, um die wichtigen Lebensaufgaben zu meistern. Nach und nach wachsen sie in eine Welt hinein, die auch von einer Reihe abstrakter Begriffe bevölkert ist. Noch sind die Kinder zu klein, um abstrakte Worte wie etwa Liebe, Treue, Tod, Sehnsucht, Trauer vom Kopf her zu verstehen. Ganz anders steht es aber mit der Fähigkeit, die Gefühle, die rund um diese Begriffe bei den Erwachsenen entstehen, zu erfassen. Gefühlsmäßig schwingen die Kinder mit ihrer Umwelt mit und haben ganz feine Antennen für die Regungen der Menschen, die sie im Arm halten. Ein Baby spürt beispielsweise die Wut seiner Mutter, die aufgrund der Trennung von ihrem Partner verzweifelt und zornig ist. Es spürt ihre Gefühle, wenn sie sich über sein Bettchen beugt und streichelt. Ein Kleinkind weint auf den Armen seines Opas, der selbst durch den Tod seiner Frau zutiefst traurig ist. Die Trauer der Erwachsenen springt gleichsam auf das Kind über, und es fühlt sich in seinem positiven Lebensgefühl irritiert. Dies drückt sich durch eine generell erhöhte Reizbarkeit aus, durch häufiges Weinen und Quengeln. Sein ganzer

Körper wehrt sich gegen die Gefühlswogen der Trauer, es lässt sich schwerer beruhigen, verweigert öfter auch das Essen und scheint Schwierigkeiten zu haben, die notwendigen Alltagstrennungen, wie etwa am Abend ins Bettchen zu gehen, ohne Protest zu bewältigen. Die vertraute Welt des Kindes ist durch die Gefühle, die das Erleben von Trennung, Verlust oder Tod bei den Menschen seiner Umgebung ausgelöst hat, mit einem Mal anders geworden. Das kleine Kind hat dadurch einerseits Vertrautes verloren und andererseits noch keine Anhaltspunkte, an denen es sich neu orientieren kann. In solchen Fällen ist es wichtig, dass dafür gesorgt wird, den täglichen Rhythmus des Kindes aufrechtzuerhalten. Schon die Gleichmäßigkeit des Tagesablaufs kann dem Kind die Sicherheit und Geborgenheit vermitteln, die es so dringend braucht.

Doch kleine Kinder schwingen nicht einfach nur mit den Gefühlen der Erwachsenen mit. Es gibt immer wieder Momente, in denen kindliche Trauer in unterschiedlicher Stärke auftritt. Dabei ist nicht nur an Ereignisse mit Todesfällen zu denken. Es sind gerade auch die sog.»kleinen Tode«, die beim Kind bereits Trauerreaktionen auslösen können, wie etwa der Verlust des geliebten Kuscheltiers, der Abschied von Oma nach ihrem Sonntagsbesuch oder das Ende einer lustigen Spielsituation. In der Bewältigung dieser Alltagssituationen kann das Kind sich für größere und schwerwiegendere Verlustsituationen gleichsam vorbereiten und Erfahrungen sammeln.

Welche Bedeutung hat der Tod für kleine Kinder unter drei Jahren?

- Noch fehlt den Kindern die Möglichkeit, abstrakte Begriffe zu verstehen. »Tod« kann verstandesmäßig nicht begriffen werden.
- Kinder verstehen die Endgültigkeit nicht; demnach bedeuten für endgültige Trennungen oder Tod nur eine Abwesenheit für kurze Zeit.
- Gefühlsmäßig erfassen Kinder in diesem Alter vor allem die stimmungsmäßigen Auswirkungen von Abschied, Verlust, Tod und Trauer in ihrer unmittelbaren Umgebung.
- Je jünger Kinder sind, desto bedeutsamer ist der sogenannte emotionale Hof, in dem eine Trennung oder ein Todesfall erlebt wird.
- Die emotionalen Begleitumstände bei Trennung und Tod hinterlassen Spuren im emotionalen Gedächtnis der Kinder.

Welche Reaktionen zeigen Kinder unter drei Jahren, wenn sie mit schwerwiegenden Verlustsituationen oder Tod konfrontiert sind?

• Veränderungen des Verhaltens, z. B. Schwierigkeiten beim Essen oder beim Einschlafen, häufiges, scheinbar unbegründetes Weinen, gesteigerte Unruhe.

• Beim Verlust einer engen Bezugsperson setzt zunächst beharrliches Warten ein, das schließlich von Resignation und Apathie gefolgt ist – die innere Lebendigkeit des Kindes ist nicht mehr sichtbar.

• In diesem Alter gibt es noch keine spezifischen Trauerreaktionen und keinen typischen Verlauf der Trauer; Wut, Zorn, Angst, Ärger, Suchen, Warten oder Protest können rasch abwechseln.

• Temperament und Persönlichkeit des Kindes bestimmen, welche Gefühle im Vordergrund stehen.

Das Wissen darüber, wie ein kleines Kind seine Welt wahrnimmt und versteht und welche Reaktionsweisen ihm bei der Bewältigung von Trennungen und Abschieden zu Verfügung stehen, ist eine erste wichtige Orientierungsmöglichkeit für Eltern und andere Erwachsene im kindlichen Umfeld. Im zweiten Teil des Buches (vgl. S. 62 ff.) wird auf konkrete Situationen kleinkindlichen Traurigseins und möglicher Hilfestellungen anhand von Beispielen noch näher eingegangen.

Die Welt des Vorschulkinds

Allgemeine Merkmale

Welche Stationen sind für die Entwicklung des Vorschulkindes bis etwa zum sechsten Lebensjahr typisch und wie sieht sein Weltbild aus? Mit etwa zweieinhalb Jahren bis drei Jahren geht das frühe Kleinkindalter zu Ende und das Kind wächst über das Stadium des »großen« Kleinkindes in das Vorschulalter hinein. Was unterscheidet diese beiden Altersgruppen? Ein großer Unterschied besteht in der Art und Weise, wie Kinder die Welt sehen und sich zu ihrer Umwelt in Beziehung setzen. Langsam lösen sich die Kleinen aus den engen Bindungen zu Menschen ihres Umfelds und erweitern ihre sozialen Bezüge. Sie werden unabhängiger und entdecken ihr Ich. Die Worte »Ich« und »Du« beginnen eine große Rolle zu spielen und leiten eine Zeitspanne ein, die für Eltern und Kinder nicht immer einfach ist. Manche Eltern sprechen davon, dass ihr bisher unkompliziertes Kind mit einem Mal so schwierig geworden ist, immer alles alleine machen möchte und sich nichts sagen lassen will. Andere sprechen von kleinen Machtkämpfen und von der Herausforderung, einen Dreijährigen dazu zu bringen, seine Gummistiefel anzuziehen und nicht mit den Hausschuhen durch die Regenpfützen zu stapfen. Viele Geschichten ranken sich um diesen – auch als Trotzalter – bekannten Lebensabschnitt.

Die Entdeckung, »ein Ich zu sein«, bringt viele Konflikte in das Kinderleben, die mit heftigen Gefühlen verbunden sind. Das Kind will »alles und noch mehr«, spürt die vielen Grenzen und reagiert entsprechend zornig, wütend, verstört oder störrisch. Nicht jedes Kind wird auf die gleiche vehemente Weise sein gerade eben erwachtes Ich erproben wollen, doch den einen oder anderen Kampf ums »selber Tun!« wird es bei jedem kleinen Mädchen und kleinen Jungen geben. In jedem Fall ist es gut zu wissen, dass dieses Ringen und »Trotzen« zu einer normalen Entwicklung dazu gehört. Das Kind braucht in dieser Zeit klare, konsequent verfolgte und gleich bleibende Orientierungsmöglichkeiten, die ihm erlauben, seine Grenzen auszutesten. Drohungen, Angst einflößende Sätze oder gar Schläge sollten in jedem Fall vermieden werden – das Kind darf nicht dafür bestraft werden, dass es sich zu einer eigenständigen Person entwickelt! Vielmehr braucht es die Sicherheit, dass es auch dann geliebt wird, wenn es tobt, schreit und wütet und das »Nein, Nein, Nein« zum Lieblingswort wird. Da sich das Kind bei einem sogenannten Trotzanfall in einem seelischen Ausnahmezustand befindet, wird man mit »vernünftigem« Zureden nicht viel erreichen. Geduldiges Abwarten, bis sich der Gewittersturm gelegt hat, ist oft das Mittel der Wahl. In keinem Fall sollten Kinder allein gelassen werden, aus dem Zimmer geschickt oder abgestraft werden – was nicht gleichbedeutend ist mit einem bedingungslosen Nachgeben in der Sache! Für das Kind ist es wichtig, die Erfahrung machen zu können, »etwas wollen zu dürfen« und eigene Wege auszuprobieren.

Häufig folgt den heftigen Konfrontationen der Trotzphase und den oft erlebten Rückschlägen auf dem Weg in die Selbständigkeit Angst. »Böse« Gefühle überrennen das Kind, »böse« Gedanken machen sich breit und »böse« Worte entschlüpfen dem Mund – das alles macht

Angst und ruft so manchen »bösen Geist« ins Leben. Die Schwierigkeit, mit den eigenen negativen Gefühlen umgehen zu können, ist häufig die Quelle kindlicher Ängste in diesem Alter. Auch wenn es nicht immer leicht ist, sollten Eltern sich nicht auf Machtkämpfe einlassen. Und so sind Geduld, Humor, spielerisches Ablenken und viel liebevolle Zuwendung mindestens ebenso wichtig wie eine klare und Grenzen ziehende Haltung.

Abbildung 4: »… ich will nicht weitergehen!«

Mit zunehmendem Alter müssen Kinder nicht mehr alles »mitanschauen«, »mit-begreifen« oder »mit-hören«, um von der Wirklichkeit bestimmter Ereignisse überzeugt zu sein. War das Erleben in den ersten Jahren noch sehr stark an die direkte Beobachtung gebunden, so gelingt es älteren Kindern immer leichter, sich von dieser Notwendigkeit zu lösen. Auch dadurch werden die Kinder bis zu einem gewissen Grad unabhängiger und können vieles in ihrer Vorstellung nachzeichnen, ergänzen, erweitern und verarbeiten. Dies ist auch in Bezug auf das Ertragen längerer Perioden mütterlicher Abwesenheit bedeutsam. Während kleine Kinder noch nicht in der Lage sind, sich die Mutter auch dann noch vorzustellen, wenn sie aus dem Raum oder aus dem Haus gegangen ist, gelingt dies ab dem dritten Lebensjahr schon recht gut. Manche Kinder setzen diese neu erworbenen Fähigkeit ganz gezielt zur Überwindung ihrer Trennungsangst ein und stellen sich beispielsweise vor, wo die Mama jetzt gerade ist, was sie tut und was sie bei ihrer Rückkehr vielleicht mitbringen wird.

Auch wenn im Vorschulalter der Geist des Kindes gleichsam erwacht und rasante Fortschritte macht, bedeutet dies jedoch nicht, dass z. B. die Logik eines Kindergartenkinds derjenigen eines Erwachsenen ähnelt, und so spricht man auch von einem prälogischen Denken der Kinder. Sie müssen sich erst langsam an die Denkstrukturen der Erwachsenen herantasten. Typische Verzerrungen und Akzentuierungen gehören zu den Merkmalen des kindlichen Weltbilds dieser Altersstufe. Besonders auffallend ist dabei, dass Kinder Lebewesen und nicht belebte Dinge noch nicht streng von einander trennen. So rollen Bälle beispielsweise nicht einfach Kraft eines physikalischen Gesetzes davon – sie laufen weg; der Wecker läutet nicht – er singt; der Mond verschwindet nicht hinter den vorbeiziehenden Wolken – er versteckt sich. Dieses »Lebendigsein« unbelebter Dinge wird auch als Animismus bezeichnet. Woran orientieren sich Kinder bei ihrer Einschätzung der Dinge? Als wichtigstes Unterscheidungskriterium wird die sichtbare Bewegung herangezogen, was nicht immer zu richtigen Beurteilungen führt! So verwirren beispielsweise Bilder oder Fotografien, auf denen Menschen oder Tiere in Bewegung abgebildet sind, Kinder in hohem Maße: »Werden diese Mädchen denn nicht müde vom vielen Tanzen?«, lautet die erstaunte Frage der fünfjährigen Claudia, als sie das Bild von tanzenden Kindern anschaut.

Noch eine Besonderheit steht im Zentrum des Weltbilds eines Vorschulkinds: die Eigenheit, verschiedenen Dingen, Pflanzen oder Tieren menschliche Eigenschaften zuzuschreiben. Und so verwundert es nicht, dass die vierjährige Maja den Tisch, an dessen Kante sie sich gestoßen hat, als »böser Tisch« ausschimpft oder der kleine Peter steif und fest behauptet, der »zappelige« Becher kann einfach nicht stehenbleiben und verschüttet immer wieder den Kakao. Und Andrea, die nach einem Gewitter auf das Blumenbeet vor ihrem Fenster schaut, meint: »Schau Mama, die Blume da draußen weint!« Fachleute sprechen in diesem Zusammenhang von »Vermenschlichung« oder auch von »Anthropomorphismus«.

Abbildung 5: »Die Blume weint.«

Für das Verständnis der kindlichen Weltsicht dieses Alters ist noch die Tatsache anzusprechen, dass Kinder erst gegen Ende des Vorschulalters mit dem Zeitbegriff der Erwachsenen umgehen können. Sie brauchen noch oft Hilfen, um sich längere Zeitabschnitte vorstellen zu können – etwa wie oft sie noch schlafen müssen, bis Papa wiederkommt, oder wo die Zeiger der Uhr stehen werden, wenn Mama sie abholt. Hier muss noch etwas Zeit verstreichen, bis das Kind zu unabhängigen und verlässlichen, wirklichkeitsgetreuen Einschätzungen kommen kann, was meist erst im Laufe der Grundschuljahre gelingt. Dasselbe trifft für die Frage der konstanten Einschätzung von Mengen zu, der sogenannten Mengenkonstanz. Dies ist die Fähigkeit, eine bestimmte Menge, z. B. Wasser, auch dann als gleichbleibend wiederzuerkennen, wenn das Wasser etwa in ein niedrigeres Gefäß umgeschüttet und dadurch scheinbar weniger wird.

Eine weitere Besonderheit des kindlichen Denkens stellt in diesem Alter auch das sogenannte magische Denken dar. Es fällt Kindern sehr schwer, sich vorzustellen, dass es irgendetwas auf der Welt gibt, das nicht von jemandem verursacht,»gemacht« wurde. So kann man auch die Bedeutung von Fantasiefiguren besser verstehen, die dem Kind ein leichteres Verstehen der Welt und ihm unverständlicher Ereignisse ermöglicht. Hexen, Feen und Zauberwesen der eigenen Fantasie treten auf und machen,»dass unser Hund Flox wieder gesund wird« oder»dass die bösen Träume verschwinden«. Auch hat für Kinder in diesem Alter alles und jedes auf der Welt einen Zweck –»der Regen strömt vom Himmel, um die Bäume zu waschen«,»der Mond scheint, um den Nachtfaltern Licht zu geben« und»der liebe Gott lässt die Sonne scheinen, damit die Blumen wachsen können«. Das Vorschulkind sieht sich selbst als Mittelpunkt der Welt, von wo es seine Überlegungen und Forschungen beginnt – eine Haltung, die auch als egozentrisch bezeichnet wird.

Alle genannten Eigenschaften, die ein Vorschulkind in seinem Denken auszeichnen, führen dazu, dass sowohl die engere als auch weitere Umgebung gleichsam in das Licht sehr unterschiedlicher Gefühle getaucht wird. Die Erfahrungen, die ein Kind in einer von guten oder bösen Geistern beseelten Welt macht, und die Schlüsse, die es in bestimmten Situationen zieht, können dazu führen, dass die Welt als spannend, gut, lieb, angenehm – oder aber bedrohlich, böse und feindlich erlebt wird. Doch nicht nur Situationen, sondern auch Orte, Gegenstände oder Menschen können in den Bann dieses»emotionalen Hofes« geraten und Anlass zu Freude, Sicherheit und Geborgenheit geben – oder zu Angst, Unsicherheit, Einsamkeit oder Bedrohung. In einer Zeit, in der die Welt den eigenen kindlichen Gesetzen von Fantasie und Wirklichkeit gehorcht, entstehen auch Ängste, die Erwachsene nur schwer nachvollziehen können. Viele gute, aber auch böse Gestalten bevölkern das Kinderzimmer, Haus und Garten. Oft wissen die Eltern gar nicht, welche dramatischen Kämpfe und Abenteuer ihre Kinder bewältigen. Manchmal erahnen sie durch Beobachten kindlicher Spiele oder durch bestimmte Vorlieben ihrer Kinder für spezielle Geschichten und Märchen, was sie beschäftigt, in Spannung versetzt oder ängstigt. Es ist wenig zielführend, der magischen Welt der Kinder den eigenen realistischen Zugang entgegenzustellen und ihnen ihre Sicht der Dinge auszureden. Wesentlich hilfreicher ist es, die Sicht der Kinder nicht ins Lächerliche zu ziehen und das Kind dabei zu unterstützen, seine eigenen Kräfte zu Überwindung belastender Gefühle einzusetzen.

Viele Merkmale der »magischen« Lebensspanne werden zwar von anderen abgelöst, doch gibt es immer wieder Zeiten, in denen das magische Denken aus den Tiefen der Seele wieder auftaucht und Menschen Zuflucht zu einfachen Denkmustern und zur beseelten Welt ihrer Kindheit suchen. Meistens sind das Situationen, die im Zusammenhang mit Krankheit, Überlastung oder schwerwiegenden Krisen auftreten, wie beispielsweise bei Trennungen oder beim Tod nahe stehender Menschen. Mit einem Schlag tauchen dann die Bilder früher Kindertage auf, in denen bestimmte magische Rituale Unerklärlichem den Schrecken nahmen oder ein Talisman half, die Angst vor Dunkelheit zu überwinden. Spätestens wenn man Kinder in diesem Alter begleitet, wird man mit aller Macht an die eigenen Erfahrungen mit Zaubersprüchen, magischen Ritualen und kindlichen Deutungsmustern erinnert und erneut mit ihnen konfrontiert. Dies öffnet in aller Regel die Augen für die Situation der Kinder – auch wenn diese vielleicht unter ganz anderen Rahmenbedingungen aufwachsen. Und so kann ein Nachempfinden und Nachspüren der magischen Welt der eigenen Kindheit in vielen Situationen den Zugang zur Welt des eigenen Kindes erleichtern (vgl. Teil III, S. 106 ff.).

Typische Merkmale des Vorschulalters:

- Die Bindung an die Mutter ist gefestigt.
- Die Existenz wichtiger Bezugspersonen ist so im Bewusstsein des Kindes eingegraben, dass ihre Abwesenheit eine Weile ohne Protest oder Weinen ertragen wird.
- Entdeckung der eigenen Person als einzigartiges und von anderen Menschen verschiedenes Wesen (»Ich« und »Du«).
- Erweiterung der sozialen Bezüge und Austesten der Grenzen (»Selbst machen«, »Nein!«).
- Die direkte Beobachtung wird ergänzt, erweitert oder ersetzt durch die Vorstellung von Situationen, Gegenständen und Personen.

- Unbelebte Dinge werden wie Menschen erlebt (»Animismus«).
- Verschiedenen Gegenständen werden menschliche Eigenschaften zugeschrieben (»Anthropomorphismus«).
- Das magische Denken umfasst die Vorstellung, dass alles und jedes von jemandem gemacht ist und einen Zweck erfüllt.
- Das Kind sieht sich als Dreh- und Angelpunkt der Welt (»Egozentrismus«).
- Das kindliche Denken ist von »Wenn–dann«-Schlüssen geprägt.

Welche Bedeutung haben Verlust, Abschied und Tod für Vorschulkinder?

Der Alltag eines Vorschulkinds bringt immer wieder Situationen mit sich, die einen Abschied notwendig machen und Gefühle von Schmerz und Traurigsein auslösen. Oft sind die Anlässe ganz unspektakulär und Teil des Familienlebens: Ein Elternteil geht in der Früh zur Arbeit, die Großeltern fahren nach einem Sonntagsbesuch wieder zurück in ihren Heimatort, oder die Mama fährt für ein Wochenende mit Freundinnen zu einem Klassentreffen. Andere Situationen stehen im Zusammenhang mit neuen sozialen Ereignissen, die die Kinder bewältigen müssen, wie etwa der Besuch des Kindergartens, einer Spielgruppe oder die Unterbringung bei einer Tagesmutter. Die notwendigen Trennungen lösen oft Trauergefühle aus – auch wenn das Kind weiß: Der Papa kommt am Abend wieder nach Hause, die Großeltern werden bald wieder zu Besuch kommen, und es muss nur noch dreimal schlafen, bis die Mama zurück ist. Die für Erwachsene so selbstverständlich erscheinenden Abschiede sind für Kinder nicht so leicht zu meistern: Es fällt dem kleinen Florian noch immer schwer, den Papa an der Kindergartentür zu verabschieden, und Fini kämpft jeden Tag mit den Tränen, wenn sie bei der Tagesmutter »abgegeben« wird – auch wenn sie schon bald fröhlich mit den anderen Kindern spielt. Abschiednehmen tut weh. Abschiednehmen macht traurig. Kleine Kinder – und Kinder im Vorschulalter sind trotz der gewaltigen seelischen, geistigen und motorischen Entwicklungsschritte, die sie schon zurückgelegt haben, doch noch kleine Kinder – müssen immer wieder aufs Neue erfahren können, dass nach Trennungen und Abschiednehmen ein Wiedersehen erfolgt. Erst durch solche wiederkehrenden Erfahrungen gelingt es allmählich, mit den zum Alltag dazugehörenden Abschieden gelassener umzugehen.

Trauerreaktionen auf alltägliche Abschiede unterscheiden sich bei Kindern dieser Altersgruppe nicht wesentlich von den Reaktionen auf schwerwiegendere Verluste. Was Kinderherzen belastet und traurig macht, orientiert sich nicht an objektiven Maßstäben oder an der Sichtweise Erwachsener. Was Kinderherzen traurig macht, hängt vor allem davon ab, wie sehr sie an einem Menschen hängen, wie lieb ihnen ein Gegenstand, eine Puppe, ein Kuscheltier geworden oder wie vertraut ihnen eine Gegend, ein Aufenthaltsort, eine Situation ist. Je enger die seelische Bindung und je vertrauter die Reaktionen der Umwelt sind, desto sicherer wird sich ein Kind fühlen. Andererseits wird die Wahrscheinlichkeit größer, dass Tränen, Kummer und Trauer auftreten, wenn das Kind sich von den geliebten Menschen und vertrauten Situationen verabschieden muss. Doch im täglichen Umgang mit den kleinen Abschieden und den notwendigen Trennungen lernen die Kinder mit den Gefühlen des Traurigseins umzugehen. Und so sind es die kleinen täglichen Abschiede, an denen sich die Kinder für Situationen einüben können, in denen es zu schwerwiegenden Trennungen oder einem Abschiednehmen ohne Hoffnung auf ein Wiedersehen kommt, was in dieser Altersstufe allerdings nicht wirklich verstanden werden kann (vgl. S. 43). Kinder sind nicht nur mit den kleinen und größeren Abschieden konfrontiert, die das Familienleben und das Hineinwachsen in neue soziale Bezüge betrifft, sondern kommen immer wieder auch mit Sterben und Tod in Berührung – und sei es nur durch das Miterleben der absterbenden Natur im Verlauf eines Jahres oder durch das Auffinden toter Tiere in der Natur. Wie reagieren Vorschulkinder auf diese existenziellen Erfahrungen?

Kinder zwischen drei und sechs Jahren – die Altersangaben sind nur als grobe Richtlinien zu verstehen und speziell an ihren oberen und unteren Grenzen gibt es fließende Übergänge – kann man auch als kleine Forscher bezeichnen, die den Dingen des Lebens auf den Grund gehen. Mit großer Neugierde wenden sie sich allem zu, was sie umgibt, und haben das unwiderstehliche Bedürfnis, alles rund um sie im wahrsten Sinne des Wortes »zu begreifen«. Dieses Bedürfnis macht auch vor dem Tod nicht Halt.

Nach wie vor bleibt der Zugang zum abstrakten Begriff Tod schwer. Tot-Sein bedeutet für viele Kinder dieser Altersstufe einfach Weg-Sein. Wie dieses Weg-Sein erlebt wird, hängt wiederum stark von den emotionalen Begleitumständen ab. Der große Entdeckerdrang der Vorschulkinder führt allerdings dazu, dass sie dem Geheimnis des Todes auf die Spur kommen wollen. Wenn sie beispielsweise tote Tiere finden, dann wollen sie wissen, was da geschehen ist, sie wollen wissen, wie es kommt, dass das Leben »weg« ist. Immer dann, wenn sich ihnen die Möglichkeit bietet, etwas genauer zu erforschen, was »weg« ist, kann man die kleinen Forscher nur schwer zurückhalten. Mit großer Neugierde untersuchen sie beispielsweise einen toten Vogel ganz genau, holen eine bereits begrabene Katze wieder aus ihrem Katzengrab oder stecken eine abgerissene Blume wieder und wieder in die Erde, um zu sehen, ob sie nicht doch vielleicht Wurzeln bekommt und »zu leben beginnt«. Der Tod ist für Kinder dieser Altersgruppe etwas Fremdes, Unverständliches und »ganz Anderes«, etwas, das mit dem eigenen Leben nichts zu tun hat. Der Tod ist immer der Tod anderer. Erwachsene fühlen sich häufig unangenehm berührt, wenn sie Kinder in ihrem Erforschen des Todes beobachten. Häufig reagieren sie betroffen, wollen die Kinder rasch von ihrer Tätigkeit ablenken oder bestrafen sie sogar für ihr Verhalten. Es braucht schon eine gehörige Portion Gelassenheit und Wissen um die Hintergründe kindlichen Verhaltens, wenn eine aufgeregte Kindergruppe sich auf die Suche nach »toten Tieren« begibt, wie es im Bilderbuch *Die besten Beerdigungen der Welt* so anschaulich beschrieben wird:

»Ester ging auf der Lichtung hin und her.
Sie dachte nach und dann hatte sie eine Idee.
›Die ganze Welt ist voll von Toten‹, sagte sie.
›In jedem Gebüsch liegt ein Vogel, ein Schmetterling, eine Maus.
Jemand muss nett sein und sich um sie kümmern.
Jemand muss sich opfern und sie beerdigen.‹
›Wer?‹, sagte ich.
›Wir‹, sagte sie.«[8]

Ein weiterer Konfliktpunkt zwischen Kindern und Erwachsenen liegt in der Gleichsetzung von Tot-Sein mit Weg-Sein. Die kindliche Antwort auf Verbote, Einschränkungen und Ermahnungen ist oft ein trotziges »Nein«, verbunden mit dem Wunsch, dass der Mensch, der etwas verboten hat, einfach weg sein soll. Aus einem »Du sollst weg sein«

Abbildung 6: »Wir begraben die toten Käfer!«

wird dann ein »Du sollst tot sein«, wie im Beispiel von Anna, einem aufgeweckten Kindergartenkind. Anna will unbedingt noch einmal in den Garten gehen, doch die Spielzeit im Freien ist schon zu Ende und die Kleine kann nicht in den Sandkasten. Zornig stampft sie mit dem Fuß: »Ich *will* aber in den Garten gehen. Die Tante soll tot sein!« Damit meint Anna einfach, die Kindergartentante, die ihr ein Weiterspielen im Garten verboten hat, soll aus ihrem Gesichtskreis verschwinden. Dahinter steckt die Hoffnung, dass gleichzeitig mit dem Verschwinden der Tante auch das Verbot aufgehoben ist und der Weg in den Sandkasten frei wird.

Ein weiterer Aspekt des kindlichen Weltbilds dieser Altersstufe ist sowohl für den Umgang mit den alltäglichen Trennungssituationen und Abschieden wichtig als auch in Bezug auf den Umgang mit dem konkreten Erleben von Sterben und Tod. Es handelt sich dabei um die Allmachtsgedanken und das magische Denken, die beide einen starken Einfluss auf die Gedanken und Gefühle der Kinder haben und in vielen Fällen durchaus hilfreich für die Verarbeitung komplizierter Vorgänge sind. Anja schafft es zum Beispiel dank ihrer Zaubersprüche, die

Ängste vor den Gespenstern der Nacht zu vertreiben. Doch als sie nach der Trennung ihrer Eltern versucht, den Papa durch Zaubersprüche wieder zurückzuholen, scheitert sie kläglich und fühlt sich elend und traurig. Allmachtsgedanken und magisches Denken können gerade im Erleben und Verarbeiten von Trennungen, schwerwiegenden Verlusten und Todesfällen Kinder leicht überfordern. Fabian, der seinen alten Opa über alles liebt und nicht begreifen kann, dass sich dessen Leben dem Ende zuneigt, möchte dem kranken Opa helfen, gesund zu werden. Er denkt sich allerlei aus, um eine »Heilung« zu bewirken. Als der Opa aber nach einer Zeit »trotzdem« stirbt, gerät Fabians Weltbild ins Wanken. Er versteht die Welt nicht mehr und fühlt sich in gewisser Weise sogar schuld am Tod seines Opas. Ähnliches kann geschehen, wenn jemand stirbt, über den Kinder etwas Böses sagen oder denken.

Welche Bedeutung hat der Tod für Kinder im Vorschulalter?

- Noch immer ist es schwer, den abstrakten Begriff Tod zu verstehen, dennoch entwickeln sich erste vage Vorstellungen.
- Tod ist ein vorübergehender Zustand.
- Tod wird mit Weg-Sein gleichgesetzt.
- Der Tod ist immer der »Tod anderer« – alter Menschen, kranker Menschen, »böser« Menschen.
- Tod wird mit Bewegungslosigkeit und Dunkelheit in Verbindung gebracht.

Welche Reaktionen zeigen Kinder im Vorschulalter, wenn sie mit schwerwiegenden Verlustsituationen oder Tod konfrontiert sind?

- Bei schwerwiegendem Verlust oder beim Erleben von Tod reagieren Kinder verwirrt und zeigen in solchen Situationen ein intensives Suchverhalten.
- Bereits überwundene Schwierigkeiten können wieder auftreten – Entwicklungsrückschritte sind möglich (z. B. Einschlafschwierigkeiten, Essprobleme, Sauberkeitsprobleme).
- Verstärkte Ängstlichkeit auch im gewohnten Umfeld.
- Kinder begeben sich auf die Suche, das Geheimnis des Todes zu erforschen.

In jeder Altersstufe können Kinder in Situationen kommen, in denen sie vor unwiederbringlichen Verlustsituationen stehen, in denen Trennungen vollzogen werden müssen und Abschiede das Kinderleben verdunkeln – dies gilt auch für das Vorschulalter. Waren die ganz kleinen Kinder noch sehr schutzlos den Gefühlen und Reaktionen der Umwelt ausgeliefert, so können die Kinder dieser Altersgruppe schon eigene Wege finden, mit den Schwierigkeiten umzugehen, die Trennungen und Abschiede auslösen. Konkrete Beispiele und Unterstüzungsmöglichkeiten werden im zweiten Teil des Buches angesprochen (vgl. S. 69 ff.).

Die Welt des Grundschulkinds

Allgemeine Merkmale

Welche Stationen sind für die Entwicklung des Grundschulkinds bis zum zehnten Lebensjahr typisch und wie sieht sein Weltbild aus? Ab etwa dem sechsten Lebensjahr tritt das Kind in einen Lebensabschnitt ein, der auch als mittlere Kindheit bezeichnet wird und so gut wie in allen Kulturen mit einer Zunahme an Verantwortung verbunden ist. Man überträgt Kindern nun schon erste wichtige Aufgaben, überlässt ihnen schon mal die Betreuung jüngerer Geschwister und gliedert sie stärker in die Verbindlichkeiten des Erwachsenenlebens ein. Ein besonders markanter Einschnitt für Kinder dieser Altersstufe ist der Eintritt in die Schule. Die Voraussetzungen für einen Schulbesuch bestehen zum einen in der größeren sozialen Unabhängigkeit von einem vertrauten Umfeld und zum anderen in der geistigen Entwicklung. Das Grundschulkind ist in der Lage, immer komplexer werdende Denkprozesse durchzuführen – man spricht in der Fachliteratur auch von den sogenannten konkreten Operationen –, die ihm zum Beispiel ermöglichen, alle vier Grundrechenarten durchzuführen. Addieren, Subtrahieren, Dividieren und Multiplizieren eröffnen dem Kind neue Möglichkeiten, mit den Dingen in seiner Umgebung umzugehen. Weiter können Erlebnisse oder einzelne Handlungen vor dem inneren Auge auch in umgekehrter Abfolge vorgestellt werden – das Gesetz der sogenannten Reversibilität wird entdeckt! Die Erweiterung der geistigen Fähigkeiten schafft viele neue Zugänge zur Welt und ihren Gesetzmäßigkeiten. Spielerisch wenden sich Kinder Fragen zu, etwa woran man erkennt, dass bestimmte Pflanzen zu einer »Familie« gehören, welche Gemeinsamkeiten und welche Unterschiede dazu führen, dass man Ordnung schaffen und beispielsweise einen weitverzweigten »Pflanzenstammbaum« zeichnen kann.

Das Grundschulkind ist auf der Suche nach Möglichkeiten, seine Umgebung nach bestimmten Merkmalen zu ordnen, den Schatz seiner bisherigen Erfahrungen einzuteilen und in bestimmte Kategorien zu gliedern. Eine wichtige Rolle spielen dabei Regeln, nach denen Dinge und Ereignisse eingeteilt, gruppiert und zusammengefasst werden. Langsam beginnt es zu begreifen, dass sich auch das soziale Leben nach bestimmten Regeln abspielt. Was bisher einmalig war, kann jetzt für eine ganze Gruppe von ähnlichen Gegenständen, Situationen oder Personen Gültigkeit haben. So kann beispielsweise Peter verstehen, dass nicht nur sein Vater jeden Morgen zur Arbeit geht, sondern auch der Vater von Anja, Barbara und Johannes. Schließlich kommt Peter zur Aussage: »Alle Väter gehen am Morgen zur Arbeit.« Das Entdecken von Regeln und Gesetzmäßigkeiten macht den Kindern viel Freude, und sie versuchen, in ganz unterschiedlichen Bereichen den Dingen »auf die Spur« zu kommen. Das Kind kann und will vieles leisten – hat aber auch immer wieder Angst, nicht klar zu kommen, nicht zu entsprechen, nicht zu begreifen.

Mit dem Eintritt in die Schule rücken soziale Kontakte mit Gleichaltrigen immer mehr in den Mittelpunkt. Gleichzeitig muss sich das Kind an ganz neue Regeln und Anforderungen anpassen. Einem Siebenjährigen ist es sehr wichtig, mit »dabei« zu sein, und er fühlt sich wohl, wenn er Aufgaben übernehmen kann, bei denen er sich den Regeln unterordnen und in verschiedene Rollen schlüpfen kann. Meistens kommen die Kinder gut damit zurecht, doch kann das alles manchmal auch schwierig und anstrengend sein, sowohl für die Kinder als auch für die Eltern. Die Gefühle des Kindes sind noch unmittelbar an seinem Verhalten abzulesen, und nur mit Mühe lernt es, seine Meinung oder sein Wissen zurückzuhalten und mit Misserfolg oder Zurücksetzung »sozial verträglich« umzugehen. Ob und in welchem Maße es gelingt, die eigenen Gefühle zu bändigen, sich den Leistungsanforderungen zu stellen und sich in den Reihen der Klassenkameraden zu bewähren, wird entscheidend zum seelischen Wohlbefinden des Schulkinds beitragen. Die Leistungen, die ein Schulanfänger zu erbringen hat, beschränken sich also durchaus nicht nur auf Kognitives, sondern erstrecken sich auf den gesamten Lebensbereich des Kindes.

Welche Veränderungen sind bei Grundschulkindern noch zu beachten? Nach und nach wird der Boden des egozentrischen Weltbilds verlassen. So sieht beispielsweise ein Neunjähriger sich selbst nicht mehr so sehr im Mittelpunkt des Geschehens, sondern interessiert sich zunehmend dafür, was rund um ihn geschieht. Auffallend ist, dass sich das Grundschulkind seiner Umwelt auf eine ganz neue Art und Weise öffnet. Es interessiert sich für Unbekanntes, Fremdes, nie Gesehenes, stöbert in Berichten von »früher« herum und hört mit Begeisterung den Erzählungen der Großeltern oder Eltern zu, wenn sie von »alten« Zeiten berichten: Das historische Bewusstsein ist erwacht. Zu keinem anderen Zeitpunkt hören Kinder so gerne den Erzählungen von Eltern und Großeltern über deren eigene Kindheit zu. Darin liegen viele Möglichkeiten, einander neu und auf andere Weise nahezukommen.

Gegen Ende der Grundschulzeit bekommen die Kinder auch einen deutlich realistischeren Zugang zur Welt. Die wichtigsten Erkenntnisse gewinnt das Kind aus dem konkreten Tun. So erschließt es sich Einzelheiten, erobert Neues und kann Zusammenhänge erfassen. Die »Wenn–dann«-Schlüsse des Vorschulalters werden durch »Weil–deshalb«-Gedanken ersetzt. In vielen Dingen gehen Kinder dieser Altersstufe schon ihre eigenen Wege und stellen eigene Theorien über Situationen und Sachverhalte auf. Erfahrungen aus einem Bereich können auf einen anderen übertragen werden, und manchmal gelingt es bereits, allein Kraft der Vorstellung zu Einsichten oder Lösungen zu kommen.

Typische Merkmale des Grundschulkinds:
- Fähigkeit, über längere Zeit in einer größeren Gemeinschaft zu sein.
- Realistischerer Zugang zur Welt; das egozentrische und magische Weltbild tritt langsam in den Hintergrund.
- Durchführung konkreter Denkoperationen ist möglich.
- Aufstellen von Kategorien, Gruppierungen, Ordnungen u. Ä.
- Das Prinzip der Reversibilität von Handlungen wird verstanden.
- Gefühle können kontrolliert werden.
- Regeln werden wichtig – sowohl in sozialen Prozessen als auch bei Denkprozessen.
- »Weil–deshalb«-Schlüsse lösen das »Wenn–dann«-Denken ab.
- Im Tun und Handeln wird Neues erschlossen und »Welt«-Ordnungen werden erkannt.
- Erwachen des historischen Bewusstseins.
- Zunehmende Bedeutung der Gleichaltrigen.

Welche Bedeutung haben Verlust, Abschied und Tod
für Grundschulkinder?

Ein Kind im Grundschulalter ist in aller Regel schon gut in der Lage, mit den kleinen Abschieden und Trennungen des Alltags aus eigener Kraft umzugehen. Es kann bereits auf einen gewissen Erfahrungsschatz zurückgreifen und hat persönliche Strategien im Umgang mit Abschieden sammeln können. Im Laufe seines Größerwerdens hat es erlebt, dass Abschiednehmen und Loslassen zu seinem Kinderalltag gehören: Ein lustiges Spiel wird abgebrochen, Menschen sagen Lebewohl, liebgewordene Gewohnheiten müssen verändert werden, der Tag neigt sich dem Ende zu. Während kleine Kinder auf diese und ähnliche Situationen einfach mit Traurigsein reagieren, sind die Antworten von Grundschulkindern auf Trennungssituationen schon weitaus differenzierter und orientieren sich an der Bedeutung des Verlusts sowie dessen nachhaltigen Auswirkungen. Für Andrea ist es z. B. gar nicht schwierig, in eine neue Schule zu wechseln und den vertrauten Kreis ihrer Mitschülerinnen zu verlassen, denn ihre beste Freundin Agnes wechselt mit ihr die Schule. Ganz anders ist es für Benedikt, der ohne Freund an eine neue Schule kommt und ganz allein in neue soziale Bezüge hineinwachsen muss. Andrea denkt nur manchmal mit einer gewissen Wehmut an ihre alte Klasse zurück. Benedikt hat mit der Umstellung arg zu kämpfen und vergießt so manche heimliche Träne, wenn er an seine alten Schulkameraden denkt. Neben den äußeren Bedingungen spielen aber auch innere Prozesse für Art und Ausmaß der Trauerreaktionen eine Rolle: Kinder, die gut verwurzelt aufwachsen können, werden anstehende Trennungen und notwendige Ablösungsprozesse leichter verkraften als Kinder, die nur wenig konstante Zuwendung erfahren haben und wenig Grundvertrauen entwickeln konnten (vgl. Teil III, S. 122 ff.).

Doch wie verhält es sich mit dem Zugang von Schulkindern zu den existenziellen Fragen um Leben und Sterben? Das Bedürfnis, den Gesetzmäßigkeiten des Lebens auf die Spur zu kommen, bestimmt viele Aktivitäten der Grundschulkinder. Die Umwelt und alles, was darin vorkommt, werden genau beobachtet und hinsichtlich verborgener Regeln erforscht. Bald schon kommen die Kinder an den Punkt, an dem sie zwischen belebten und unbelebten Dingen unterscheiden und versuchen, Merkmale zusammenzutragen, die den grauen und abstrakten Begriff Tot-Sein bunter und verständlicher machen können. Was kann Tot-Sein alles bedeuten? Tot-Sein bedeutet, nicht mehr zu essen und zu trinken, es bedeutet auch, dass das Herz nicht mehr schlägt und die Atmung still steht. Tot-Sein bedeutet aber auch, dass das Lachen stirbt und Zärtlichkeit und Zuwendung verschwinden. Tot-Sein bedeutet, nicht mehr sprechen, nicht mehr laufen, nicht mehr spielen, keine Geschichten erzählen und keine Geschenke mehr mitbringen zu können – es bedeutet schlicht und einfach das Ende des »belebten Lebens«. Diese Einsicht, dass mit dem Tod alles aufhört zu existieren, ist ein Meilenstein in der geistig-seelischen Entwicklung der Kinder!

Entsprechend ihren geistigen Möglichkeiten können Grundschulkinder allmählich auch begreifen, dass Sterben ein Ereignis ist, das nicht nur Menschen trifft, sondern auch Tiere und Pflanzen. Daraus entwickelt sich langsam die Gewissheit, dass alles, was lebt, auch sterben muss, und dass sich niemand diesem Gesetz des Lebens entziehen kann! Erstmals tauchen in den Gedanken der Kinder Vorstellungen auf, die den Tod über die Schwelle der eigenen kleinen Welt treten lassen. Behutsam tasten sie sich an den Gedanken heran, dass die Tatsache, dass »alles und alle sterben müssen«, auch bedeutet, dass Mitglieder der eigenen Familie sterben können – ja schließlich auch sie selbst. Alexander erkennt z. B. mit einem Mal: »Wenn Tante Manuela sterben kann, dann kann auch meine Mutter sterben.« Und Tina stellt fest: »Wenn Mareike sterben kann, dann kann auch ich sterben!« Vieles rund um den Tod kann von einem Kind im Grundschalter nun vom Kopf her erkannt werden, doch die Fantasiewelt meldet sich immer wieder deutlich zu Wort. Und so pendelt das Grundschulkind häufig zwischen Realität und Fantasie hin und her und entwickelt daneben eine gewisse Scheu, über den Tod offen zu reden oder ungezwungen Fragen zu stellen.

Rund um das zehnte Lebensjahr tauchen bei Kindern die ersten genaueren Vorstellungen und Gedanken über das Jenseits auf, und das Leib-Seele Problem wird anhand konkreter Erfahrungen durchdacht. Andreas überlegt beispielsweise nach dem Tod eines Klassenkameraden: »Peter ist gestorben … Sein Körper liegt im Sarg und wird in das Grab hinuntergelassen … Peter wird nie mehr mit uns Fußball spielen ... Peter wird nie mehr mit uns lachen ... Aber wo ist das Lachen von Peter? Wie ist es wohl dort, wo das Lachen vom Peter ist?« In diesen Gedanken lässt sich die Hoffnung entdecken, dass die Seele – oder wie immer man den nichtmateriellen Teil der Menschen auch bezeichnen mag – für immer an einen Ort des »ewigen Lebens« gelangen kann. Der Unsterblichkeitsgedanke wird in diesem Alter ganz unabhängig von einer religiösen Zugehörigkeit entwickelt und scheint einer uralten Menschheitssehnsucht zu entsprechen, dass mit dem Tod zwar das irdische Leben zu Ende ist, aber ein anderes Leben erst beginnt.

Für den konkreten Umgang mit Fragen rund um Sterben und Tod liefert das für dieses Alter typische Interesse an der Vergangenheit wichtige Bausteine und bietet die Chance, in die Familiengeschichte einzutauchen. Wer waren die Menschen, die in meiner Familie vor vielen, vielen Jahren gelebt haben? Wie haben sie gelebt, wie sind sie gestorben, was von ihnen lebt in der einen oder anderen Form noch weiter? Habe ich vielleicht Ähnlichkeit mit einem Verstorbenen? Wie wird in meiner Familie an die Toten gedacht? Diese und andere Fragen bringen die Kinder nicht nur mit den eigenen familiären Wurzeln in Kontakt, sondern bieten auch die Möglichkeit, sich mit den jeweils typischen sozialen, religiösen und kulturellen Gepflogenheiten vertraut zu machen. Neben der eigenen Familiengeschichte werden auch allgemeine Geschichten, Sagen und Mythen, die das Thema Sterben, Tod und Jenseitsvorstellungen betreffen, wichtig und erwecken bei fast allen Kindern dieses Alters Interesse. Die zuletzt angesprochenen Entwicklungen nehmen am Ende des Grundschulalters ihren Anfang und setzten sich in den kommenden Jahren fort.

Welche Bedeutung hat der Tod für Kinder im Grundschulalter?

- Allmählich wird der Tod als Realität erfasst, doch er wird noch bis ins Jugendalter vor allem mit Alter und schwerer Krankheit in Verbindung gebracht.
- Die Endgültigkeit des Todes wird mit zunehmendem Alter immer besser begriffen.
- Der Tod wird als Ereignis erkannt, das Pflanzen, Tiere und Menschen trifft.
- Der Tod macht keine Ausnahmen; die eigene Sterblichkeit tritt ins Bewusstsein.
- Der Tod wird häufig noch als Person vorgestellt (»Sensenmann«), der Menschen bestraft.

> **Welche Reaktionen zeigen Kinder im Grundschulalter, wenn sie mit schwerwiegenden Verlustsituationen oder Tod konfrontiert sind?**
>
> • Unterschiedliche Vorstellungen treten auf: Pendeln zwischen Fantasie und Realität.
> • Trennungsschmerz wird deutlich erfahren.
> • Verlust- und Trennungsängste treten auf.
> • Bedürfnis nach »Wissen« vor allem in Form von Geschichten, Überlieferungen, Erzählungen.
> • Gedanken über das Leib-Seele-Thema und Auftreten konkreter Jenseitsvorstellungen.

Kinder im Grundschulalter haben bereits die Möglichkeit, sich auf unterschiedliche Weise aktiv mit Verlustsituationen auseinanderzusetzen. So machen sie sich beispielsweise aktiv auf die Suche nach Antworten auf Fragen rund um Sterben und Tod, nähern sich dem religiösen Thema der Jenseitsvorstellungen und beschäftigen sich auch mit der Tatsache, dass ihr eigenes Leben endlich ist. Diese neu gewonnenen Fähigkeiten machen sie ein Stück unabhängiger von der direkten Stimmung ihrer Umgebung. Andererseits brauchen sie stärker denn je Menschen, die sie auf ihrer Reise in ungewohnte Gedankengänge begleiten, sie bei der Bewältigung konkreter Verlusterfahrungen in den Arm nehmen und ihnen als aufmerksame Zuhörer zu Verfügung stehen (vgl. Teil II, S. 77 ff.).

Kinder an der Schwelle zur Pubertät

Allgemeine Merkmale

Kinder an der Schwelle zum Erwachsenwerden sind einer Fülle von körperlichen und seelisch-geistigen Veränderungen ausgesetzt, die sie oft sehr »unrund« machen und der Umwelt signalisieren, dass stürmische Zeiten bevorstehen. Meist geht die körperliche Reifung rascher voran als die seelische, was Verwirrung und Unsicherheit stiftet. Wie soll ein Zwölfjähriger mit all den Gefühlen zurechtkommen, die ihn regelmäßig überwältigen? Wie kann eine Dreizehnjährige die Signale ihres Körpers richtig deuten und positiv damit umgehen? Auch verlaufen die Prozesse nicht auf allen Ebenen parallel, und für eine bestimmte Zeit scheint vieles in und an einem Kind dieses Alters nicht wirklich zueinander zu passen. Im geistigen Bereich setzen Entwicklungen ein, die zu einer enormen Steigerung der geistigen Leistungsfähigkeit führen. Die Kinder sind in der Lage, formale Denkoperationen vorzunehmen, sie können Arbeiten schon konkret planen und mit Konsequenz verfolgen, was für die Bewältigung schulischer Aufgaben immer wichtiger wird. Einsicht in ihr Verhalten versetzt sie in die Lage, aus Fehlern zu lernen und bis zu einem bestimmten Maß Verantwortung zu übernehmen. Ihr Denken und Fühlen löst sich nach und nach von den Eindrücken des unmittelbar Erlebten, und das Eintauchen und völlige Aufgehen im Hier-und-Jetzt tritt langsam zurück; andere zeitliche Dimensionen werden wichtig. Auch die Fähigkeit, abstrakte Begriffe – wie z. B. Liebe, Treue, Gerechtigkeit, Ehre, Trauer, Sehnsucht, Tod – zu erfassen, öffnet ihnen den Raum für Gedankenexperimente und führt sie der Kernfrage Jugendlicher immer näher: »Wer bin ich?«, »Wie möchte ich sein?«, »Für wen hält man mich?«

Welche Bedeutung haben Verlust, Abschied und Tod für Kinder an der Schwelle zur Pubertät?

In diesem Lebensabschnitt verlagert sich der Erfahrungsraum, in dem Abschied und Trennung erlebt werden, bis zu einem gewissen Grad von Außen nach Innen. Die Kinder müssen sich nicht nur von vielem verabschieden, was ihr Kindsein ausgemacht hat, sondern erleben auch ihren Körper auf eine neue Art und Weise. Gerade hier muss Altes zurückgelassen oder verwandelt werden, und die sogenannten Wachstumsschmerzen betreffen Körper wie Seele in gleicher Weise. Für den Umgang mit kleineren Abschiedssituationen und Trennungen haben Kinder dieser Altersgruppe meist schon einen gewissen Erfahrungsschatz, der sie nicht so ungeschützt den Trauergefühlen aussetzt, wie das bei kleineren Kindern noch der Fall ist. Dies bedeutet auch, dass die Trauerreaktionen eine größere individuelle Bandbreite aufweisen. Der 12-jährige Mathias beispielsweise hat eine sehr innige Beziehung zu seinem Großvater und war als kleines Kind jedes Mal untröstlich, wenn der Opa nach einem Besuch wieder nach Hause ging. In der Zwischenzeit hat Mathias gelernt, mit dieser Situation umzugehen, und macht bei jedem Abschied ein kleines »Hände-klatsch-Ritual«. Diesen individuellen Weg, mit dem Traurigsein fertig zu werden, geht auch die 13-jährige Tamara, die nur am Wochenende bei ihrer Familie ist. Seit drei Jahren besucht sie die Schule fern von ihrem Heimatdorf in der nächstgelegenen Stadt und lebt dort in einem Internat. Während sie zu Beginn ihrer Internatszeit den Abschied von zu Hause jedes Mal mit allen Mitteln in die Länge zu ziehen suchte und in einem Tränensee zu versinken drohte, hat sie sich allmählich angewöhnt, selbst den Abschied einzuleiten. So fühlt sie sich besser und kann sich leichteren Herzens von ihrer Familie trennen. Doch nicht immer gelingt es Kindern dieser Altersgruppe, mit ihren Trauergefühlen positiv umzugehen. Manchmal liegt das an fehlenden Erfahrungen oder Vorbildern, manchmal aber auch an der Schwere der Verlustsituation. In diesen Fällen können körperliche Symptome – z. B. Kopfschmerzen, Bauchweh, Schwindelgefühle – an die Stelle anderer Trauerreaktionen wie Wüten, Klagen, Jammern, Schreien oder Weinen treten.

Welchen Zugang zu Fragen rund um das Thema Tod haben Kinder an der Schwelle zur Pubertät? Je weiter Kinder in ihrer Entwicklung voranschreiten, desto stärker nähern sie sich in ihren Vorstellungen, Gefühlen und inneren Bildern vom Tod denjenigen der Erwachsenen an. In Anknüpfung an das sogenannte historische Bewusstsein, das sich beim älteren Grundschulkind schon bemerkbar machte, begeben sich Kinder dieses Alters häufig auf aktive Spurensuche. Dabei gelingt es ihnen immer besser, eine Brücke zwischen Gestern und Heute zu bauen und unterschiedliche Stationen im Leben der Vorfahren mit dem eigenen Leben oder dem der Familie in Beziehung zu setzen. Auf der bald schon einsetzenden Suche nach ihrer Identität – *die* Lebensaufgabe der Pubertät schlechthin – werden sie immer wieder mit dem »Stirb und Werde« konfrontiert werden. An der Schwelle zur Pubertät erleben Kinder zum ersten Mal bewusst, wie sich der Lebensbogen zwischen den Polen Geburt und Tod spannt und wie in jedem Ende auch die Chance für einen Neubeginn liegt. Auch die für dieses Alter typische Auseinandersetzung mit zentralen Lebensthemen wie z. B. Sinn, Werte oder Schuld trägt dazu bei, dass die Vergänglichkeit als Lebensprinzip verstanden wird. Mit einem Mal wird in aller Klarheit und Schärfe sichtbar, welchen Wert das Leben angesichts des Todes erhält.

Der Eintritt in die Vorpubertät und dann in die Pubertät bringt in der Entwicklung der Kinder und Jugendlichen nicht nur insgesamt eine Fülle von Veränderungen, sondern zeigt auch ein stärkeres Maß an individuellen Unterschieden. Dies ist auch bei der Beschäftigung mit den sogenannten »letzten Fragen« der Fall. Zum einen wird der Tod nunmehr als unausweichliches, abschließendes Ereignis mit Endgültigkeitscharakter verstanden und bis zu einem gewissen Grad als solches akzeptiert. Zum anderen wird im konkreten Umgang mit Verlustsituationen sehr häufig ein individueller Weg gesucht, der in der Welt der Erwachsenen nicht immer auf Verständnis stößt, angefangen von dem Bedürfnis nach Rückzug oder Beibehalten des gewohnten Lebensstils bis hin zu schriller Trauerkleidung oder ungewöhnlichen Grabbeigaben.

Welche Bedeutung hat der Tod für Kinder an der Schwelle zur Pubertät?

- Der Tod wird als endgültiges Ereignis begriffen.
- Mit dem Tod ist das irdische Leben unwiederbringlich zu Ende.
- Der Tod wird als unausweichlich angesehen.
- Der Tod wird als Schlusspunkt begriffen.
- Den Gesetzen des Todes sind alle und alles unterworfen (»Alles hat ein Ende«).
- Der Tod bedeutet den endgültigen Verlust von Leben und Liebe.

Welche Reaktionen zeigen Kinder an der Schwelle zur Pubertät, wenn sie mit schwerwiegenden Verlustsituationen oder Tod konfrontiert sind?

- Beschäftigung mit der Frage nach dem Sinn des Lebens.
- Auseinandersetzung mit spirituellen Fragen, z. B.: »Gibt es ein Leben nach dem Tod?«
- Häufiges Auftreten körperlicher Begleitsymptome wie Bauchschmerzen oder Kopfweh.
- Trauer wird individuell unterschiedlich ausgelebt (Suche nach eigenen Trauerritualen).
- Trauerarbeit kann bewusst gestaltet werden.

Wie geht die Entwicklung im Umgang mit Sterben und Tod weiter? In Bezug auf das Todesverständnis gibt es kaum Unterschiede zwischen Jugendlichen und Erwachsenen. Und auch die Reaktionen auf schwerwiegende Verluste sind ähnlich und werden nur durch alterstypische Ausdrucksweisen überformt. An der Schwelle zum Erwachsenwerden zeigen junge Menschen in ihrer Reaktion auf Verlust und Sterben die auch bei Erwachsenen typischen Trauerreaktionen. Während bei jüngeren Kindern gleichsam »Pfützen der Trauer« als Reaktion auf Verlust und Abschied zu beobachten sind, tauchen Pubertierende und junge Erwachsene bereits in den großen »Strom der Trauer« ein, der sie über unterschiedliche Stationen durch das Land der Trauer führt.

Typischerweise umfasst der Trauerprozess folgende Abschnitte:

1. Station: Nicht-wahrhaben-Wollen (Schockphase),
2. Station: Aufbrechen der Gefühle (Emotionsphase),
3. Station: Auseinandersetzung mit den Trauergefühlen (Ambivalenzphase),
4. Station: Annehmen und Neuorientierung (Aussöhnungsphase).

So wie jede Trauer eine zutiefst persönliche Erfahrung ist, wird auch der jeweilige Trauerweg unterschiedlich gestaltet. Selbst bei Erwachsenen findet man eine große Bandbreite »normaler Ausdrucksweise«; bei Jugendlichen ist dies noch viel extremer. So variiert besonders die Art und Weise, wie die einzelnen Stationen ausgeformt, wie lange und wie oft sie durchlaufen und welche Ausdrucksmittel verwendet werden. Dies wird verständlich, wenn man an die ohnehin heftigen Gefühlsschwankungen der Heranwachsenden denkt und an die relative Instabilität ihres Selbst- und Weltbilds. Besonders die Station des sogenannten Aufbrechens der Gefühle ist in dieser Altersstufe schwer berechenbar. Während die einen sich in ihren vier Wänden vergraben, lassen die anderen den negativen Emotionen freien Lauf, zeigen Wut, Zorn und Verzweiflung offen und laut. Dies alles bedarf verständnisvoller Erwachsener und einer wachsamen Begleitung, die im Zweifelsfall auch vor dem Weg zu einer professionellen Unterstützung – in Form von psychologischer Beratung – nicht zurückschrecken darf.

Wie Kinder und Jugendliche über Sterben und Tod denken, hängt auch davon ab, wie in ihren Familien über diese Themen gesprochen und gedacht wird, welche Rituale vertraut und geläufig sind und welchen Stellenwert Verstorbene in der Erzähltradition der Erwachsenen haben. Das soziale Umfeld und seine konkreten Einstellungen und Werte, die kulturellen Rahmenbedingungen und die religiösen Grundhaltungen sind jene drei Einflussgrößen, die dem persönlichen Todeskonzept eines Kindes Form und Farbe verleihen.

Teil II: Beispiele aus dem Kinderalltag: Was Kinder traurig macht

1. Kindertrauer: Allgemeine Merkmale und Unterstützungsmöglichkeiten

Fragt man Menschen, womit der Begriff Trauer verbunden ist, dann fallen den meisten zunächst einmal Todesfälle ein. Bei genauerem Hinschauen wird jedoch rasch deutlich, dass man auf ganz unterschiedliche Anlässe und Situationen mit Trauer reagieren kann. Es sind Situationen, in denen gewissermaßen etwas in einem stirbt. Menschen reagieren mit Trauer auf das Scheitern einer Beziehung, den Verlust der Arbeitsstelle, das Zu-Ende-Gehen eines Lebensabschnittes, den Abschied von geliebten Menschen und Landschaften, auf den Verlust wichtiger Gegenstände oder Ziele ... Man könnte die Palette von Trauer auslösenden Ereignissen noch erweitern, und doch wird es nie ganz möglich sein, alles aufzuzählen, was einen Menschen traurig machen kann. Sigmund Freud schrieb bereits im Jahre 1917: »Trauer ist regelmäßig die Reaktion auf den Verlust einer geliebten Person oder einer an ihrer Stelle gerückten Abstraktion wie Vaterland, Freiheit, ein Ideal [...].«[9] Er verweist damit auf eine wesentliche Voraussetzung, damit sich Trauer als seelische Reaktion einstellt, nämlich auf eine hohe seelische Bindung zu einer Person, einem Gegenstand oder einem abstrakten Wert. Nur was mir lieb und teuer ist, kann ich auch betrauern. Dies gilt für Erwachsene genauso wie für Kinder. Und weil sich Kinderherzen an sehr viel Verschiedenes hängen können, sind die Anlässe für Kindertrauer auch sehr unterschiedlich und bunt. Und noch auf einen weiteren wichtigen Punkt weist Freud in seinen Schriften hin, nämlich auf die Tatsache, dass Trauer nicht als krankhafter Zustand angesehen werden kann, obwohl er starke Abweichungen von einem normalen Leben und Erleben aufweist. Jahrhundertealtes Wissen lässt uns Menschen offensichtlich darauf vertrauen, dass die Trauer nach einer gewissen Zeit überwunden ist – vorausgesetzt, man gibt ihr Raum und Zeit. Es ist wichtig, dass man sich dies gerade auch bei der Begleitung von Kindern vor Augen führt. Trauer ist ein normaler seelischer Prozess. Trauer hilft Kindern, mit den großen und kleinen Verlustsituationen ihres Kinderalltags fertig zu werden, und kann sie für die großen Abschiede, die sich in jedem Leben ereignen, vorbereiten.

Worüber können Kinder traurig sein? Ein Kind kann z. B. traurig sein, wenn

- es seine Puppe verliert,
- seine Betreuerin in der Kindergruppe ausfällt,
- sein Lieblingsspielzeug kaputt geht,
- Papa/Mama in der Früh zur Arbeit gehen,
- die Katze nicht mehr wie gewohnt jeden Abend an die Haustür kommt,
- sein Kuscheltier weggeworfen wird,
- ein Wohnungsumzug bevorsteht,
- die Eltern sich trennen,
- die Kindergartenzeit zu Ende geht,
- der Schmetterling nicht mehr fliegt, sondern tot am Boden liegt,
- es mit seinen Geschwistern Streit hat,
- die beste Freundin nicht mehr mit ihm spielen will,
- der Familienhund stirbt,
- die Ferien zu Ende gehen,
- ein Familienmitglied schwer krank wird,
- der beste Freund in eine andere Stadt zieht,
- der Plüschbär nicht mehr zu finden ist,
- ein Schulwechsel bevorsteht,
- der Opa stirbt.
- ....

Zum einen geht es also um Situationen, in denen das Kind eine enge Bindung zu einem Menschen, einem Tier oder einem sogenannten Stellvertreter – Puppen, Kuscheltiere, Spielzeug – aufgebaut hat und es deren Verlust, Verschwinden oder Zerstörung verkraften muss. Zum anderen geht es um Ereignisse, in denen die vertraute Welt des Kindes auf irgendeine Weise ins Wanken gerät, manchmal nur ein klein wenig, manchmal aber auch sehr stark, und es sich neu orientieren und nach neuen Ankerpunkten suchen muss. Der optimale Umgang ist nicht, wie vielleicht manche besorgte Eltern, Großeltern oder andere Verwandte meinen könnten, alles zu unternehmen, um möglichst rasch das Kinderlachen wieder herbeizuzaubern. Auch Kinder brauchen die Möglichkeit, sich im Land der Trauer selbst zurechtfinden zu lernen. Sie brauchen Zeit für all die vielen Gefühle, die in ihnen Karussell fahren, sie müssen Formen finden, mit ihrem Kummer zurechtzukommen, und Möglichkeiten haben, ihrer Trauer Ausdruck zu geben. »Schnell, schnell wieder fröhlich sein!« – das geht nicht, wenn doch das ganze Herz noch an der kaputten Lieblingspuppe hängt! »Schnell, schnell wieder fröhlich sein!« – das geht nicht, wenn der geliebte Hund Astor nicht mehr da ist! »Schnell, schnell wieder fröhlich sein!« – das geht nicht, wenn die beste Freundin in eine andere Stadt übersiedelt ist und niemand mehr da ist, dem man die geheimsten Dinge anvertrauen kann ...

Gelingt es Erwachsenen, dem Kind das Gefühl zu vermitteln: »Du darfst traurig sein, du musst dich nicht schämen für dieses Gefühl, du kannst mir immer wieder erzählen, was dich so traurig macht«, dann sind ganz wichtige Weichen für die Entfaltung jener seelischer Kräfte gelegt, die das Kind an Verlust- und Abschiedssituationen wachsen lässt. In jungen Jahren gelernt und durch positive Unterstützung von Menschen der näheren Umgebung begleitet, wird es so nach und nach möglich, die Trauer als eine Farbe des Lebens zu akzeptieren. Eine besondere Schwierigkeit in der Begleitung von Kindern, die aus welchen Gründen auch immer traurig sind, liegt im Verlauf ihrer Trauerreaktionen. Anders als bei Erwachsenen können bei Kindern Reihenfolge, Dauer und Heftigkeit verschiedener Gefühlzustände ganz »ungeordnet« auftreten. Sie folgen viel weniger dem sogenannten prozesshaften Geschehen der Trauer, wie es von Wissenschaftlern beschrieben wird[10] und oben bereits ausgeführt wurde (vgl. Teil I, S. 54). Wie ist das zu verstehen?

Kinder sind stark im Hier-und-Jetzt verwurzelt, sie erleben jeden Augenblick sehr intensiv. Dies führt auch dazu, dass sie in verschiedenen traurigen Situationen die dunklen und schweren Gedanken wegschieben können und ganz in ihren Kinderalltag eintauchen. Nicht umsonst wird die Gegenwart als *die* Zeit der Kindheit beschrieben. Dies bedeutet nicht, dass Kinder Trauer nicht sehr schmerzhaft und tief empfinden können. Doch die Fähigkeit, trotz allen Schmerzes immer wieder in die Normalität des Kinderalltags einzutauchen, stellt eine

große seelische Entlastung dar und sollte von Erwachsenen nicht miss-
verstanden werden – *Lachen und Weinen* können bei Kindern eben
noch sehr eng beieinander liegen. Auch viele andere Gefühle sind oft
eine Zeit lang parallel vorhanden oder tauchen in rascher Abfolge auf
und verschwinden wieder. So ist es nicht verwunderlich, dass der
Trauerprozess bei Kindern nur selten den geordneten Ablauf aufweist,
den man aus der Begleitung Erwachsener kennt.

Die kindlichen Trauerreaktionen können folgendermaßen beschrieben werden:

- »Ich lache und weine ...«: Leben im Hier und Jetzt.
- »Ich weine, jammere, klage, tobe, schweige ...«: Leben in einem Gefühls-
  karussell.
- »Und gleich schlage ich alles zusammen ...«: Leben mit unbegreiflicher
  Wut.
- »Ich brauche dein Trösten nicht ...«: Leben, als wäre nichts geschehen.
- »Ich bin schuld ...«: Leben mit bösen Gedanken.
- »Ich mag nicht in den Keller gehen ...«: Leben mit unbestimmten Ängsten.
- »Max spielt draußen ...«: Leben mit Fantasiebildern.
- »Ich kann gut Radfahren – ganz wie Papa ...«: Leben in großer Identifika-
  tion.

Kinder, die einen Verlust verkraften müssen, befinden sich häufig in einem Gefühlskarussell von *Weinen, Jammern, Klagen, Toben,
Schreien und Schweigen.* Im Zusammenhang mit Trauer werden Gefühle wie Wut, Zorn, Hass oder lautes Aufbegehren zwar immer wieder
genannt (vgl. Emotionsphase des Trauerprozesses), bleiben aber
zumindest bei Erwachsenen weitgehend tabuierte Reaktionen. Bei Kindern und vor allem auch bei Jugendlichen ist dies anders, und so kann
der Satz: »*Und gleich schlage ich alles zusammen ...*« durchaus Ausdruck
eines sehr mächtigen und alle anderen, stilleren Traueräußerungen
überdeckenden Hilferufs sein. Diese Form der Trauerreaktion wird
häufig nicht als solche erkannt und als unerklärliche Aggression abge-
tan. Den meisten Erwachsenen fällt es sehr viel leichter, ein stilles,
sanftes, in Tränen aufgelöstes Kind in seiner Trauer zu begleiten, als
ein wütendes, schreiendes, anklagendes Kind.

Die bei Kindern immer wieder zu beobachtende ablehnende Haltung gegenüber Trostversuchen nach dem Motto: »*Ich brauche dein*

Trösten nicht« und die Fortsetzung des Kinderalltags nach einem schwerwiegenden Verlust, als wäre gar nichts geschehen, kann zum einen mit der typischen Erstreaktion auf Verlusterfahrungen erklärt werden. Das anfängliche Nicht-wahrhaben-Wollen (vgl. Schockphase des Trauerprozesses) schafft einen gewissen Schutzraum und gibt der Seele die notwendige Zeit, sich auf die anstürmenden Gefühle und Gedanken einzustellen. Bei kleineren Kindern muss man zum anderen auch bedenken, dass ihre »inneren Uhren« einem anderen Zeitverständnis folgen und dass ihnen abstrakte Begriffe weitgehend fremd sind. So kann auch die Endgültigkeit von Tod und Abschied nicht oder nur langsam erfasst werden. Somit ist das Wegschieben einer tröstenden Hand oder die Verweigerung, sich in die Arme schließen zu lassen, auch als Ausdruck alterstypischer Vorstellungen zu verstehen (vgl. Teil I, S. 25 ff.).

Die Frage, warum bestimmte Dinge passiert sind, warum der Opa gestorben ist, die beste Freundin nie mehr zu Besuch kommen kann, die geliebte Katze einfach verschwunden bleibt ..., lässt Kinder nur ganz schwer los. Je näher sie noch dem magischen Denken früher Jahre verbunden sind, desto eher kann es geschehen, dass sie sich selbst als Ursache der belastenden Ereignisse begreifen und zur Aussage kommen: »Meine bösen Gedanken haben das gemacht – *Ich bin schuld.«* Hier ist es besonders wichtig, eine Balance zwischen einfühlendem Verständnis und deutlichen Worten zu finden, die dem Kind Halt bietet und ihm deutlich macht, dass bestimmte Lebensereignisse außerhalb seiner Macht liegen. Das ist tröstlich – kann aber auch Angst auslösen. Und so zeigen denn auch viele Kinder in Situationen von Trennung, Abschied, Tod und Trauer unterschiedliche Ängste, die sich dann in Sätzen wie beispielsweise: »*Ich mag nicht in den Keller gehen ...«* ausdrücken. Damit verbunden können auch Rückschritte in der Entwicklung sein, die dazu führen, dass jüngst erworbene Selbstständigkeiten für Tage oder Wochen von der Bildfläche verschwinden. Auch wenn aus der Sicht der Erwachsenen ein bestimmter Verlust für das Kind gar nicht so schlimm sein kann, muss man sich davor hüten, Ängste der Kinder zu bagatellisieren. Hilfreicher ist es, dem Kind kleine Rückschritte im Vertrauen auf seine Entwicklungskraft zuzugestehen, dies umso mehr, als im Kindesalter die Möglichkeit der kognitiven Kontrolle über die Gefühlswelt sich erst langsam entwickelt.

Die Unterscheidung zwischen Wunsch und Wirklichkeit, zwischen realer Welt und Fantasiewelt verläuft bei Kindern in vielen kleinen Schritten. Erst allmählich können Kinder im Laufe ihrer seelisch-geistigen Entwicklung klare Trennlinien ziehen und zwischen Wunsch und Wirklichkeit, Traum und Realität unterscheiden. Dies gilt bereits in stabilen Zeiten, umso mehr in Trauerzeiten. Alle Gefühle und Gedanken rund um einen erlittenen Verlust, einen tragischen Abschied, einen Todesfall lösen beim Kind intensive Sehnsüchte aus, das Geschehene rückgängig zu machen, und führt sie oft in intensive Tagträume und »Wunschbilder«. »*Max spielt draußen …*«, dieser Satz eines Kindes, das seinen Freund bei einem Umfall verloren hat, ist Ausdruck eines intensiven Wunsches und keineswegs eine Lüge. Gerade im Zusammenhang mit den blühenden Fantasievorstellungen werden Eltern und Erzieher oft auf eine harte Geduldsprobe gestellt. Auch hier gilt es, einen Mittelweg zwischen verständnisvollem Zuhören und behutsamem Hinführen zu jener Realität zu finden, die es möglich macht, aus dem Satz: »*Max spielt draußen …*« ein: »*Ich wünsche mir Max so sehr, dass ich meine, ihn draußen zu sehen*« oder »*Ich habe draußen einen Jungen gesehen, der wie Max aussieht …*« werden zu lassen.

Schließlich sei noch auf den Aspekt der Identifikation mit Menschen hingewiesen, die aus dem Lebenskreis von Kindern gegangen sind. Speziell bei einer engen emotionalen Bindung und einer hohen Vorbildwirkung können Kinder leichter mit ihren Trauergefühlen umgehen, wenn sie sich mit Aspekten des geliebten, bewunderten, wichtigen Menschen identifizieren können. Nach der Scheidung ihrer Eltern legte Elke beispielsweise ihren ganzen Ehrgeiz in ihre Fahrradkünste und schließlich verkündete sie stolz: »*Ich kann gut Radfahren – ganz wie Papa …*« Ähnlich ist es mit dem Wunsch von Kindern, gleichsam in den Schuhen der Verstorbenen zu gehen und ihren Hobbys, Gewohnheiten und Besonderheiten nachzuspüren.

Nicht jedes Kind, das einen Verlust zu verkraften hat, wird alle oben genannten Aspekte im selben Ausmaß zeigen. Das wird immer von der konkreten Situation abhängen und davon, wie schwerwiegend der Verlust ist und wie weitreichend die damit verbundenen Folgen sind. Aber auch besondere Eigenschaften des Kindes, seine Persönlichkeit und sein Alter bestimmen Art und Ausmaß der Trauerreaktionen. In aller Regel steht es nicht in der Macht der Eltern und Begleiter von

Kindern, Situationen, die zum Traurigsein führen, zu beeinflussen oder zu verändern. Umso wichtiger scheint die Frage nach einer hilfreichen Unterstützung. Was kann beispielsweise getan werden, dass Anna aus ihrer Trauer um ihre verlorene Puppe wieder herausfindet und in ihrer Entwicklung an das anschließen kann, was vor dem Verlust möglich war? Wie kann Alexanders kleine Welt wieder jene Sicherheit bekommen, die mit dem Tod des Großvaters scheinbar verloren ging? Was brauchen Max, Johanna, Anja und Florian, um einen geeigneten Weg im Umgang mit ihrer Trauer zu finden?

Prinzipiell ist es sinnvoll, folgende fünf Punkte bei der Begleitung trauernder Kinder zu beachten:

- Zuwendung,
- Erkennen der kindlichen Trauerreaktionen,
- Verständnis aufbringen für die kindlichen Trauerreaktionen,
- konkrete Maßnahmen,
- Geduld und Liebe.

Basis jeder guten Begleitung ist die aktive Zuwendung zum trauernden Kind. Das Kind soll spüren, dass es geliebt wird, dass seine Tränen gesehen und sein Klagen gehört werden. Das Wissen um mögliche Trauerreaktion, die je nach Alter schwanken (vgl. Teil I, S. 25 ff.), und ein Verständnis für die Situation des Kindes sind weitere wichtige Bausteine, die dazu beitragen können, dass dem Kind der Weg durch sein Traurigsein erleichtert wird. Spezielle Maßnahmen zur Trauerbewältigung greifen erst dann, wenn sich das Kind angenommen und verstanden fühlt. Eingebettet in liebevolles Verstehen, können auch Hilfen leichter angenommen werden. Bei der Besprechung hilfreicher Unterstützungsmaßnahmen wird in den folgenden Beispielen jeweils auf die oben angeführten fünf Aspekte einer guten Trauerbegleitung eingegangen.

2. Beispiele aus der Welt der Kleinkinder

Auch im Leben von Kleinkindern kommt es immer wieder zu Situationen, die das Kind traurig machen. Am häufigsten geht es dabei um das *Verschwinden geliebter Kuscheltiere* oder um den *Wegfall gewohnter Tagesabläufe*, wenn sich das Leben der Eltern durch drastische Ereignisse verändert, sei dies berufsbedingt, durch Todesfälle im familiären Umfeld oder durch das Ende bestehender Beziehungen. Diese zwei Aspekte scheinen auch deshalb von spezieller Bedeutung, weil Kleinkinder die konkrete Bedeutung von Tot-Sein nicht erfassen können (vgl. Teil I, S. 26 ff.), sehr wohl aber durch den Wegfall von Vertrautem in Unruhe versetzt werden und traurig sind, wie die beiden nachfolgenden Beispiele zeigen.

»Meine Puppe ist weg!«: Die Geschichte der dreijährigen Anna

Anna, eine aufgeweckte Dreijährige, hat unter all den vielen Puppen und Kuscheltieren Mia besonders ins Herz geschlossen. Mia ist zwar nicht die größte unter allen Puppen, die Anna besitzt, sie ist auch nicht die schönste, kann nicht »Mama« sagen und hat nur ein Gesicht aus Wollstoff und dunkelschwarze Wolllocken. Aber Mia kann etwas, das sonst keine Puppe kann: Sie kann sich so ganz besonders in die Arme der kleinen Anna kuscheln, und Anna kann ohne Mia einfach nicht einschlafen. Die Lieblingspuppe begleitet das kleine Mädchen durch seinen Kinderalltag, sie darf zum Mittagessen mit an den Tisch, sie schaut beim Spielen zu und lauscht den Gutenachtgeschichten, die Annas Mutter vor dem Zubettgehen erzählt. Anna fühlt sich stark und sicher, wenn Mia bei ihr ist.

Eines Tages macht Anna einen langen Spaziergang mit ihrer Oma, der sie auch zu einem Tierpark führt. Begeistert steht die Kleine an den Zäunen des Freigeheges und kann nicht genug bekommen, den Erdmännchen bei ihren Spielen zuzuschauen. Anna strahlt über das ganze Gesicht und läuft aufgeregt von einem Ort zum anderen. Dann, auf dem Heimweg, bleibt sie plötzlich wie angewurzelt stehen: Wo ist Mia?! Eben war sie doch noch auf ihrem Arm gewesen! Sie will sich von Omas Hand losreißen und die alte Frau kann ihre Enkelin nur mit Mühe festhalten. Beide gehen den Weg zurück zum Tierpark, Anna schluchzt immer lauter und ruft verzweifelt nach ihrer Puppe. Die Oma tröstet Anna und meint, dass sie Mia sicher bald finden werden – doch leider täuscht sich Oma. Mia bleibt verschwunden ...

Die Tage nach diesem Vorfall gestalten sich äußerst schwierig. Anna ist launisch und bricht immer wieder in Tränen aus. Sie hängt am Rockzipfel ihrer Mutter und scheint jedes Interesse verloren zu haben, sich selbstständig zu beschäftigen. Immer wieder ruft sie nach ihrer Puppe und beginnt, an allen möglichen und unmöglichen Orten der Wohnung nach Mia zu suchen. Der Mutter bricht fast das Herz und sie versucht, Anna mit all ihren anderen Puppen zu trösten, ja sie besorgt sogar in der Stadt eine andere, »neue« Mia ... Doch das sind alles vergebliche Versuche. Die Kleine zieht sich nach solchen wohlgemeinten Vertröstungen verstört zurück, stochert in ihrem Essen herum, zeigt sich unwillig, wenn es Abend wird, und kann ohne die kleine Lampe am Nachttisch nicht mehr einschlafen. Manchmal wendet sie ihr kleines Gesicht der Mutter zu und fragt: »Mia?«

Worauf ist bei der Begleitung der kleinen Anna besonders zu achten? Wie lassen sich die allgemeinen Eckpfeiler einer hilfreichen Begleitung (vgl. S. 61) wie liebevolle Zuwendung, Erkennen und Eingehen auf kindliche Trauerreaktionen sowie Geduld in konkrete Hilfsangebote umsetzen?

- *Zuwendung:* Körperliche Nähe, Streicheln und Gehaltenwerden sind für Anna jetzt wichtiger als Worte.
- *Erkennen der kindlichen Trauerreaktionen:* Für das Alter typisch sind Annas Rückschritte in ihrer Selbstständigkeit, beim Essen und beim Einschlafen. Auch das Anklammern ist Ausdruck ihrer momentanen Verstörung.
- *Verständnis aufbringen für die kindlichen Trauerreaktionen:* Die Puppe Mia hat Anna geholfen, auch ohne ihre Mama die Welt zu erkunden, und wurde so zu einem wichtigen Stellvertreter mütterlicher Geborgenheit, man spricht auch von einem sogenannten Übergangsobjekt. Anna hat einen sehr wichtigen Begleiter verloren, an dem ihr kleines Kinderherz hing – das tut weh! Kleine Kinder trauern beim Verlust von Gegenständen genauso wie beim Verlust von Menschen. Aktuelle Rückschritte sollte man für den Moment akzeptieren und keinen Druck auf Anna

ausüben (z. B. auch ohne Licht das Einschlafen zu meistern oder nicht ständig an Mutters Rockzipfel zu hängen).

- *Konkrete Maßnahmen:* Anna braucht viele kleine Momente, in denen sie Geborgenheit und Sicherheit erleben kann; dabei ist ein geregelter Tagesablauf und das Einhalten eines vertrauten Rhythmus besonders wichtig. Hilfreich sind außerdem das gemeinsame Anschauen von Bilderbüchern, in denen diese Art von Verlust aufgegriffen wird und die Beschreibung der Situation mit einfachen Worten und ohne Schuldzuweisung: »Mia ist nicht mehr da.« Es ist wichtig, dass die Eltern sich Anna auch dann liebevoll zuwenden, wenn die Kleine gerade fröhlich und aus einer ihrer »Trauerpfützen« aufgetaucht ist. Helfen kann auch das sanfte (!) Hinlenken auf andere vorhandene Kuscheltiere.
- *Geduld und Liebe:* Anna wird ihre Mia nicht so rasch vergessen – mit Sicherheit geht es jedoch rascher, wenn man ihrer Kindertrauer mit Geduld begegnet! Die Eltern sollten warten können, bis Anna eine andere Vertraute aus dem Reich ihrer Puppen und Tiere gefunden hat.

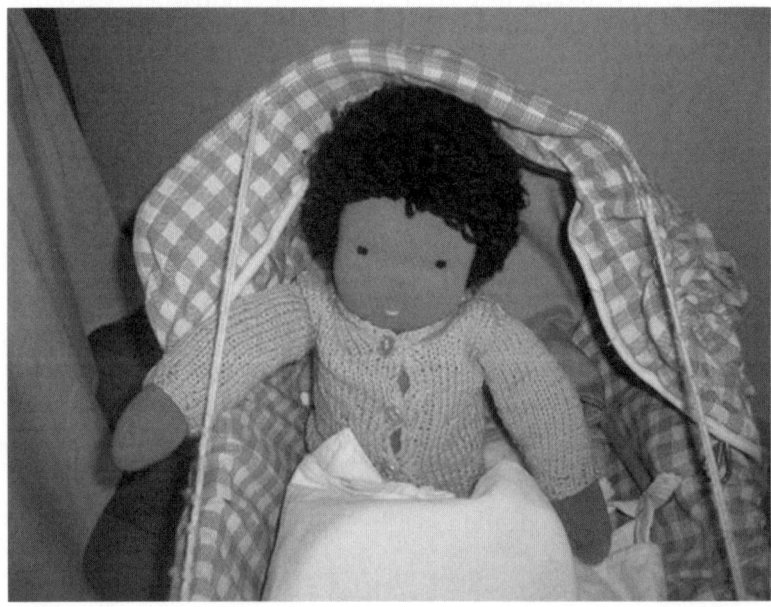

Abbildung 7: »Keine Puppe ist wie Mia!«

»Was ist los mit Mama und Oma?«: Die Geschichte des zweijährigen Alexander

Der kleine Alexander hat mit seinen zwei Jahren eine ganz andere Erfahrung als Anna gemacht, die ihn mit Aspekten der Trauer in Berührung brachte:

Alexander ist das jüngste Kind in der Familie, er hat noch zwei ältere Geschwister. Mit seinen Eltern lebt er in einer Kleinstadt. Seine Großeltern wohnen in einem der Nachbarhäuser und haben einen engen Kontakt zu ihren Enkeln. Schon wenige Monate nach Alexanders Geburt erleidet der Großvater einen Schlaganfall, von dem er sich nicht mehr so recht erholen kann. Nach und nach verlassen ihn all seine Kräfte und er wird zu einem Pflegefall. Die ganze Situation lastet schwer auf der Familie, und oft wird von Leid, Schmerzen, Sterben und Tod gesprochen. Auch bleibt den Kindern nicht verborgen, wie schwer es für die Großmutter ist, das »tägliche Sterben ihres Mannes« – wie sie es nennt – mitzuerleben und dabei so hilflos zu sein. Alexander kann das zwar nicht verstehen; auch die Worte »Sterben und Tod« sind ihm fremd, aber der kleine Junge spürt die Schwere, die sich in der Wohnung eingenistet hat, er merkt, dass seine Mutter bedrückt ist und ihr fröhliches Lachen seltener zu hören ist. Alexander beunruhigt das, und er fühlt sich in Anwesenheit der Großmutter plötzlich nicht mehr so wohl und windet sich aus ihren Armen. Alle wollen mit ihm spielen und ihn zum Lachen bringen, doch der kleine Junge kann nur mit seinen Geschwistern herumtollen; den Kontakt zur Großmutter vermeidet er und auf den Armen seiner Mutter fühlt er sich gar nicht mehr so geborgen wie sonst. Alexander schreckt in der Nacht öfter weinend auf und wirkt auch tagsüber unausgeglichen. Als der Großvater stirbt, bricht eine große Unruhe bei Alexander aus. Er kann all die Aufregung, die Tränen und Worte nicht verstehen – er kann nur verstehen, dass in seiner kleinen, sicheren Welt etwas in Unordnung geraten ist, und klammert sich verzweifelt an seinen älteren Bruder.

Bei Alexander ist die Begleitsituation schwieriger als bei Anna, weil der Tod des Großvaters ein für die ganze Familie so schwerwiegendes Ereignis ist und kein Familienmitglied davon unberührt bleibt. Schwere Krankheiten und Todesfälle im engeren Familienkreis stellen für die Begleitung der betroffenen Kinder in jedem Alter eine besondere Herausforderung dar. Was kann Alexander helfen?

- *Zuwendung:* Alexander braucht körperliche Nähe: Kuscheln, Umarmen, Streicheln, sanftes Wiegen sind wichtig und beruhigend. Da Gefühle »ansteckend« sind, ist es besonders hilfreich, wenn Menschen, die zwar vertraut, aber nicht so sehr in ihrer Trauer versunken sind, dem kleinen Alexander Zuwendung schenken.
- *Erkennen der kindlichen Trauerreaktionen:* Das Sterben des Großvaters erhält im Wesentlichen nur über die Reaktion der Umwelt für Alexander Bedeutung. Der Kleine spürt die Veränderung in der Familie und sucht sich durch Rückzug bzw. gezielte Kontaktsuche zu schützen. Das Schlafverhalten des Kindes ist gestört. Alexander wiederholt häufig die Worte: »Opa weg ...«
- *Verständnis aufbringen für die kindlichen Trauerreaktionen:* Es ist wichtig zu begreifen, dass Alexander die Situation auch ohne Worte »versteht«. Im Schlaf werden Ängste frei, die Alexander an einem ruhigen Durchschlafen hindern. Der Kleine hat ein großes Bedürfnis, im Sinne eines »Nicht-wahrhaben-Wollens« mit seinem Bruder unbeschwert herumzutollen. Den Rückzug von der Großmutter und der Mutter, die ihm in ihrer Trauer ein bisschen fremd geworden sind, sollte die Familie gelassen hinnehmen und als Schutzreaktion betrachten.
- *Konkrete Maßnahmen:* Es ist hilfreich, gewohnte Tagesabläufe einzuhalten und die Abendrituale zu intensivieren. Der Tod des Großvaters sollte beim Namen genannt: »Opa ist gestorben« und die eigene Trauer mit einfachen Worten angesprochen werden. Wenn Alexander Fragen stellt, braucht er einfache und klare Antworten. Wichtig ist, dass Kinderlachen sein darf und dass es Spielangebote von Menschen gibt, die nicht zu sehr in die Trauersituation verwickelt sind. Beim Begräbnis braucht Alexander eine Person, die sich um ihn kümmert und selbst nicht zu stark von der Trauer betroffen ist.
- *Geduld und Liebe:* Die Trauer um den verstorbenen Großvater wird noch geraume Zeit das Leben der Familie – und damit auch Alexanders Leben – beeinflussen. Eine Erinnerungsecke oder ein

Bild des Großvaters kann der schwer fassbaren Atmosphäre einen Namen geben und helfen, dem Enkel gute Erinnerungen zu bewahren.

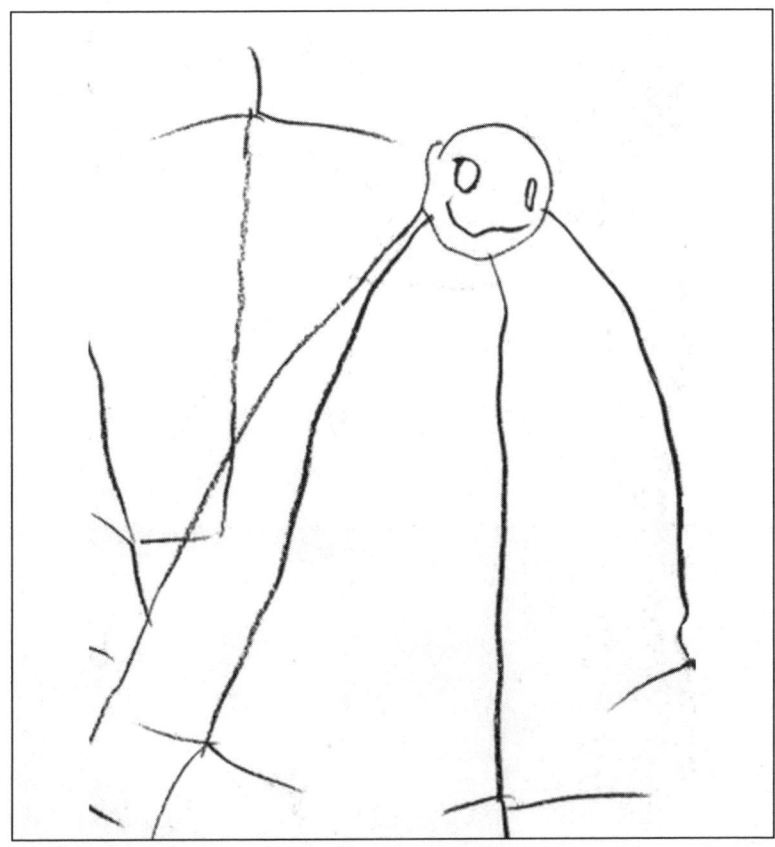

Abbildung 8: »Mein Opa ist tot.«

Allgemeine Unterstützungsmöglichkeiten bei Sterben und Tod

Bei kleinen Kindern muss man bedenken, dass es vor allem die Verunsicherung und wahrgenommene Veränderungen im familiären Umfeld sind, auf die es reagiert. Aus diesem Grund ist es auch so wichtig, eine gewisse Ordnung inmitten des seelischen Chaos, wie es nach einem Todesfall auftritt, aufrechtzuerhalten. Eine allgemeine Beschäftigung mit dem Thema Vergänglichkeit und Sterben anhand von Naturbeobachtungen oder Bilderbüchern öffnet dem Kind darüber hinaus Möglichkeiten, sich diesen zentralen Lebensthemen behutsam anzunähern. Folgende Punkte haben sich als hilfreich erwiesen:

- Es ist hilfreich, vertraute Pflegegewohnheiten beizubehalten.
- Alltägliche Abläufe und Rituale – z. B. Essenszeit, Spielzeit, Einschlafrituale – sollten möglichst »wie immer« stattfinden.
- Besonders viel seelische Zuwendung, körperliche Nähe und Zärtlichkeiten und gemeinsames Tun als Ausgleich für die durch die Trauergefühle in der Umgebung ausgelöste Verunsicherung des Kindes sind wichtig.
- Der Tod sollte als Tod benannt und keine Umschreibungen verwendet werden. Auch wenn das kleine Kind den Begriff Tod nicht versteht, kann es allmählich in die Bedeutung dieses Wortes hineinwachsen.
- Hilfreich ist es, wenn das Kind langsam an den Lebenskreislauf »Werden – Wachsen – Vergehen« herangeführt wird, beispielsweise durch Beobachten des Jahreskreislaufs in der Natur oder mithilfe von Bilderbüchern.

Abbildung 9: Lebensstationen einer Blume

3. Beispiele aus der Welt von Vorschulkindern

»Wo ist Opa jetzt?«: Die Geschichte des fünfjährigen Max

Die Veränderungen, die Kinder im Laufe ihrer Entwicklung von einem hilfsbedürftigen Krabbelkind zu einem wagemutigen Kindergartenkind, also vom Kleinkind zum Vorschulkind, durchleben (vgl. Teil I, S. 32), hat auch auf das Erleben und Verarbeiten von Verlust- und Abschiedssituationen einen großen Einfluss. Der Glaube an die Kraft der eigenen Gedanken und Vorstellungen erreicht in diesem Alter seinen Höhepunkt. Und auch der kleine Forscher im Kind erwacht zum Leben und treibt es von einem Abenteuer zum nächsten. Die Welt kann in ihren Gesetzmäßigkeiten zwar nicht wirklich verstanden werden, aber sie bietet tausend Möglichkeiten, den vielen Geheimnissen auf die Spur zu kommen. Eines der großen Lebensgeheimnisse ist und bleibt das Geheimnis rund um den Tod. Kinder dieser Altersstufe machen sich schon sehr genau Gedanken darüber und stellen präzise Fragen, wie das nachfolgende Beispiel des kleinen Max zeigt.

Der fünfjährige Max lebt mit seinen Eltern in einer kleinen Wohnung inmitten einer großen Stadt; seine Eltern sind beide berufstätig, und so trifft es sich gut, dass sein Großvater viel Zeit für seinen Enkel hat. Max verbringt viele Nachmittage bei seinem Großvater, der nach dem Tod seiner Frau schon seit vielen Jahren allein in seiner Wohnung lebt. Oft begleitet er den alten Mann bei seinen täglichen Besorgungen und auch bei seinen Besuchen auf dem Friedhof. Dort bleiben sie dann vor dem Grab der verstorbenen Großmutter stehen, die Max nicht kennengelernt hat, und der kleine Junge möchte alles über diese Frau wissen, die ja die Mama seiner Mama war. »Wie hat Großmutter ausgesehen? Und wie sind ihre Haare jetzt? Und was hat Großmutter denn für Kleider an? Und friert sie nicht, wenn sie da so unter der nassen Erde liegen muss? Wieso ist sie bei Gott? Wo ist sie wirklich – da im Grab oder bei Gott? Hat sie auch einen Schutzengel, der auf sie aufpasst?« Max' Fragen begleiten den Großvater wie eine leise Musik. Der alte Mann muss schmunzeln und streichelt seinem Enkel über das Haar. »Ja, ja, das sind viele Fragen, nicht wahr, Max?« Und der kleine Junge schmiegt sich an den Großvater. Auf dem Heimweg beschäftigt ihn dann nur noch, ob der Großvater ihn auch morgen vom Kindergarten abholen kommt.

Doch eines Tages kommt Großvater nicht, und er kommt auch an den folgenden Tagen nicht, um Max abzuholen. Die Mutter läuft mit verweinten Augen umher und der Vater steht hilflos vor seinem Sohn: »Opa ist gestorben.« Max ist wie vom Donner gerührt. Gestorben? Gestorben ist doch die Großmutter und die liegt auf dem Friedhof im Grab. Und der Großvater wird sicher morgen wiederkommen ... Hilfesuchend wendet er sich an seine Mutter, doch auch die sagt nur: »Nein Max, Opa ist gestorben.« Max geht in sein Zimmer und holt seinen Zauberstein aus dem Versteck; er drückt ihn fest, schließt die Augen und ruft seinen Großvater. So hat er Opa immer zu sich gerufen, wenn er allein war und die Zeit so lang wurde, bis die Eltern von der Arbeit zurückkamen. Er ist ganz fest davon überzeugt, dass es auch diesmal so sein wird ... Doch irgendetwas schnürt ihm die Kehle zu und er beginnt zu schluchzen. Max denkt an das Gab der Großmutter und kann sich einfach nicht vorstellen, dass Großvater auch an diesem Ort sein soll – wie soll denn das gehen?

In den folgenden Tagen und Wochen will Max nicht in den Kindergarten, er hat große Scheu, die Wohnung des Großvaters zu betreten, und kann nur mit Mühe davon überzeugt werden, dass Opa sich freut, wenn er ihm eine Zeichnung mit ins Grab legt. Sobald es draußen dunkel wird, will Max nicht mehr aus dem Haus. Der Kindergartentante erzählt er, dass sein Opa sicher bald wiederkommen wird ...

Vielen Eltern und Begleitern von Kindern dieser Altersgruppe fällt es besonders schwer, die richtigen Worte für eine hilfreiche Unterstützung zu finden. Zum einen sind die Kinder schon sehr sprachgewandt, sie können sich ausdrücken, Dinge und Gefühle benennen; sie verstehen schon sehr viel und können den Ausführungen der Erwachsenen recht gut folgen. Zum anderen ist die Art des Denkens noch weit vom logischen Denken der Erwachsenen entfernt, und die Kinderwelt ist in dieser Lebensphase von magischen Kräften beseelt. Man könnte sagen, die Kinder verstehen – und verstehen doch auf eine sehr eigene Weise. Wie können nun die Eltern und Erzieher Max helfen, mit der Trauer um den verstorbenen Großvater umgehen zu lernen?

• *Zuwendung:* Der Tod des geliebten Großvaters bedeutet für Max

Verlust von Zuwendung. Auch wenn sich diese konkrete Zuwendung des Großvaters nicht ersetzen lässt, braucht Max Hände, die ihn streicheln und an denen er sich festhalten kann. Ein sensibler und aufmerksamer Umgang ist nicht nur zu Hause, sondern auch im außerfamiliären Feld (Kindergarten) wichtig.

- *Erkennen der kindlichen Trauerreaktionen:* Max kann den Tod des Großvaters nicht als »endgültig« begreifen. Er hält an magischen Ritualen fest und zieht sich von sozialen Aktivitäten zurück. Er hat Angst, an die Orte von »damals« zurückzukehren, und Scheu vor der Dunkelheit. Max hat Tagträume vom Großvater, der ihn wieder vom Kindergarten abholt.

- *Verständnis aufbringen für die kindlichen Trauerreaktionen:* In diesem Alter kann der Tod nicht als endgültiges und abschließendes Geschehen begriffen werden. Die Welt der eigenen Fantasie scheint Sicherheit und Hoffnung zu geben. Max hat große Sehnsucht nach seinem Opa und möchte ihn »herbeizaubern«, »herbeireden«, »herbeiträumen«. Der Tod wird in diesem Alter oft mit Dunkelheit in Verbindung gebracht, das erklärt Max' Angst vor dunklen Räumen.

- *Konkrete Maßnahmen:* Für Max ist es wichtig, von allen – Eltern wie ErzieherInnen – immer wieder die in schlichten Worten ausgedrückte Wahrheit zu hören:»Großvater ist gestorben«. In der Kindergartengruppe sollte über den Tod von Max' Opa gesprochen werden. Hilfreich sind Angebote, mit Max über den Großvater zu sprechen, z. B. an was er sich besonders gut erinnert usw. (= Stärkung des inneren Bildes vom Opa). Max sollte in die Vorbereitungen rund um das Begräbnis miteinbezogen und gefragt werden, was er dem Großvater mit ins Grab geben möchte. Die Eltern könnten ihn zu einem gemeinsamen Besuch in die Wohnung des Opas mitnehmen und ihm erlauben, ein Erinnerungsstück an Opa mitzunehmen.

- *Geduld und Liebe:* Der Tod wird speziell im Vorschulalter als vorübergehender Zustand verstanden, als ein »Wegsein auf Zeit«, und so wird Max viel Zeit brauchen, langsam zu erfassen, dass sein Opa nie mehr wiederkommen wird. Ein geduldiges, liebevolles Eingehen auf die immer wiederkehrenden, meist gleichlautenden Fragen des Jungen können wichtige Stützen sein.

Abbildung 10: »... am Grab des Großvaters«

»Ich muss Sina suchen«: Die Geschichte der sechsjährigen Johanna

Bei Johanna, die schon bald in die Schule kommt, war es nicht der Tod eines geliebten Menschen, der viel Unruhe in ihr Leben brachte, sondern das Verschwinden ihrer Katze Sina.

Seit Monaten liegt Johanna ihren Eltern mit dem Wunsch nach einem Haustier in den Ohren. Alle ihre Freundinnen – wirklich alle, wie Johanna immer wieder betont – haben eine Katze, einen Hund, einen Hamster oder wenigstens einen Kanarienvogel. Sie ist die einzige, die kein Haustier hat. Johanna wünscht sich nichts so sehr wie eine Katze! Als ihr Geburtstag naht, überwinden sich die Eltern, geben dem Wunsch ihrer Jüngsten nach und bringen die Katze Sina mit ins Haus. Bald ist das kleine Wollknäuel zu einer richtig schönen Katze geworden, und Johanna verbringt viel Zeit mit ihrem Liebling. Sina darf auch inmitten ihrer Kuscheltiere liegen und scheint sich da auch recht wohl zu fühlen. Johannas Mutter bezweifelt das zwar und ist überhaupt der Meinung, die Katze sollte doch lieber ein richtiges Katzenleben führen und nicht wie eine Puppe gehalten werden. Johannas Schwester Lena schaut dem ganzen Treiben misstrauisch und ein bisschen neidisch zu. Einige Wochen später will Johanna Sina füttern und ruft in gewohnter Weise nach ihr. Doch die Katze kommt nicht und auch nach mehrmaligem Lockruf zeigt sie sich nicht. Verwirrt läuft Johanna im Haus umher und ruft nach ihrer Sina. Sie lässt keinen Winkel aus, öffnet sogar Kleiderschränke und schaut hinter Schrankwände. Von der Katze fehlt jede Spur. Die Mutter meint, sie werde schon wiederkommen, vielleicht wolle sie mal einen anderen Schlafplatz ausprobieren. Der Vater meint, Sina ist vielleicht neugierig, andere Katzen zu treffen, und werde schon wiederkommen. Nur ihre Schwester Lena meint kühl und nüchtern: »Du hast halt nicht genug aufgepasst!« Schluchzend sucht Johanna Trost bei ihrer Mutter, die sich an diesem Abend viel Zeit für ihre in Tränen aufgelöste Tochter nimmt und noch eine lange Gutenachtgeschichte erzählt.

Die nachfolgenden Tage werden zu einer echten Zerreißprobe. Die Welt scheint sich nur noch um die Katze Sina zu drehen, und Johanna hat sich von einem fröhlichen, lebendigen und unerschrockenen kleinen Mädchen in ein quengeliges, ängstliches und weinerliches Kind verwandelt. Die Kleine verliert den Spaß am Spielen, zieht sich von ihren Freundinnen zurück und zieht traurig und mutlos ihre einsamen »Suchschleifen« durch Haus und Garten – vergeblich: Sina bleibt verschwunden. Nach einigen Tagen steht die Nachbarin mit einem Schuhkarton vor der Tür und flüstert mit der Mutter. Angespannt und verängstigt verfolgt Johanna die Situation. Was war geschehen? Sina wurde vor dem Nachbarhaus von einem Auto überfahren. Die Nachbarin wusste um Johannas Liebling und bettete das tote Tier in einen Karton. Vielleicht könne man Sina im Garten ein Grab machen, meint sie, und nimmt Johanna in die Arme.

Für die Begleitung von Johanna sind etwas andere Aspekte zu berücksichtigen als bei Max. Nicht nur die Tatsache, dass es sich beim erlittenen Verlust um ein Tier handelt, ist zu beachten, sondern auch der Umgang mit den kindlichen Schuldgefühlen.

- *Zuwendung:* Die unvermittelte direkte Konfrontation mit dem toten Tier kann eine Schockreaktion auslösen – Johanna braucht den Schutz wärmenden Halts, viel körperliche Nähe und »wortloses Dasein«.

- *Erkennen der kindlichen Trauerreaktionen:* Johanna erstarrt beim Anblick ihrer toten Sina (= Schockphase). Auch ihr Suchverhalten ist Teil des Trauerprozesses. Ihre ganze seelische Verfassung hat sich geändert: Sie zeigt eine gesteigerte Ängstlichkeit, Rückzugstendenzen und ist weinerlich. Besonders belastend sind auch die aufkeimenden Schuldgefühle.
- *Verständnis aufbringen für die kindlichen Trauerreaktionen:* Sina war für Johanna mehr als »nur eine Katze«. Mit dem Verschwinden der Katze geht auch ein Teil von Johannas Vertrauen in die Sicherheit ihrer Umwelt verloren und das macht Angst.
- *Konkrete Maßnahmen:* Vor dem Auffinden der toten Katze ist eine in Maßen gemeinsame Suche nach Sina hilfreich. Eine Unterstützung kann es auch sein, sich gemeinsam mit dem Wesen von Katzen auseinanderzusetzen und dabei auf Fragen des »rechten Umgangs« mit Katzen einzugehen (»wilde«, unabhängige Tiere; wie viel Betreuung und welche Art der Betreuung ist gut ...), vielleicht anhand von Bilderbüchern. Die gewohnten Alltagsrituale sollten eingehalten werden, besonders das Abendritual. Unmittelbar nach dem Auffinden der toten Katze darf Johanna nicht allein gelassen und auch die nächsten Tage sollte sie im Auge behalten werden. Hilfreich ist das gemeinsames Gestalten eines kleinen Grabes im Garten sowie die Anregung, für Sina etwas zu malen oder einen »Grabschmuck« zu basteln. Johannas Fragen sollten zugelassen und auf einfache Weise beantwortet werden (z. B. »Gibt es einen Katzenhimmel?« – »Ich glaube schon!«, »Hat Sina Schmerzen? – »Nein, wenn man tot ist, hat man keine Schmerzen mehr.«). Es ist gut, wenn die Eltern das Kind nach und nach an die schönen Dinge erinnern, die es mit Sina erlebt hat. Mit der Anschaffung einer neuen Katze sollte noch einige Zeit gewartet werden, bis das Bild von Sina langsam blasser wird und ihr Tod nicht mehr *das* Gesprächsthema für Johanna ist.
- *Geduld und Liebe:* Auch nach der Beerdigung der toten Katze darf kein Druck auf Johanna ausgeübt werden, möglichst rasch wieder zur Normalität zurückzukehren. Zeiten des Traurigseins sollten akzeptiert – Zeiten des Fröhlichseins verstärkt werden.

Abbildung 11: »Meine Katze Sina.«

Allgemeine Unterstützungsmöglichkeiten bei Sterben und Tod

Das große Bedürfnis von Kindern dieser Altersstufe, die Welt zu erforschen und ihren Geheimnissen auf die Spur zu kommen, drückt sich unter anderem in vielen, vielen Fragen aus. Diese Fragen sprudeln oft nur so aus den Kindern heraus und machen auch vor den sogenannten letzten Fragen nicht Halt. In jedem Fall ist es wichtig, diesen Fragen Raum zu geben und sie zunächst einfach einmal nur anzuhören – einige Fragen lösen sich dann vielleicht rasch auf, andere wiederum rufen nach einer klaren und ehrlichen Antwort. All dies muss nicht an das unmittelbare Erleben von Sterben gekoppelt sein und kann sich während eines ganz normalen Kindertages ereignen. Was ist aber in der Begleitung von Vorschulkindern zu bedenken, die mit Sterben und Tod, Trennung und schwerwiegenden Verlusten ganz konkret konfrontiert sind? Folgende Maßnahmen sind hilfreich:

- Kinder in die Geschehnisse mit einbeziehen, d. h. Kindern nicht ausgrenzen nach dem Motto: »Dafür seid ihr noch zu klein!«
- Stärkung des Selbstwertgefühls durch Lob und Anerkennung.
- Mut machen, Fragen zu stellen, und Verständnis haben für das Bedürfnis der Kinder, das Geheimnis Tod zu erforschen.
- Klare Antworten auf Fragen geben und nur auf das antworten, was wirklich gefragt wird.
- Die Antworten müssen den eigenen Überzeugungen entsprechen.
- Achtsamer Umgang in der Wortwahl – Kinder nehmen in diesem Alter vieles wörtlich (Ein klares »Oma ist gestorben« z. B. ist besser als »Oma ist eingeschlafen« oder »Oma ist zu Gott gegangen«).
- Tod als Folge *sehr, sehr* schwerer Erkrankung oder *sehr, sehr* schwerer Verletzungen ansprechen – das lindert die Angst vor eigenen Erkrankungen oder Verletzungen.
- Kreative Möglichkeiten der Auseinandersetzung mit den Ereignissen anbieten (z. B. Malen, Spielen, Musizieren).

Abbildung 12: »Oma ist sehr, sehr krank!«

4. Beispiele aus der Welt der Grundschulkinder

»Warum bleibt Silke nicht in meiner Schule?«:
Die Geschichte der achtjährigen Anja

Der Schritt von der Welt des Kindergartens hinein in das Schulleben bringt für alle Kinder große Veränderungen und vielfache Herausforderungen mit sich. Kinder werden nicht nur größer und »gescheiter«, sondern erweitern auch ihre sozialen Kontakte. Je jünger die Kinder sind, desto stärker sind sie an die Menschen ihrer unmittelbaren Umgebung gebunden. Mama und Papa, Oma und Opa sind wichtige Quellen der Zuwendung und stellen gleichzeitig das Tor zur Welt dar. Erweitert wird das soziale Netz durch Nachbarn, Verwandte, Erzieherinnen und andere Menschen, die zum Umfeld der Familie gehören. Mit dem Beginn der Schulzeit werden Gleichaltrige – Freundinnen und Freunde, Schulkameradinnen und Schulkameraden – zu wesentlichen und tragenden Säulen im Leben des Kindes. Dies trifft in »guten« wie in »schlechten« Tagen zu.

Auch in diesem Lebensabschnitt sind Kinder gegen Erfahrungen mit Sterben und Tod, mit Verlust und Trennung nicht gefeit. Neben den schwerwiegenden Trauererfahrungen beim Tod naher Angehöriger oder der Trennung der Eltern können vor allem Situationen im sozialen Umfeld Trauer auslösen, wie im nachfolgenden Beispiel.

Anja ist ein eher schüchternes Mädchen mit langen blonden Haaren und großen braunen Augen. Seit ihrer Kindergartenzeit ist sie mit Silke befreundet, einer wilden Kleinen, die mit ihrem strahlenden Lachen alle begeistern kann. Silke und Anja – die beiden sind unzertrennlich und schon die Erzieherin im Kindergarten meinte, dass sie wie Schneeweißchen und Rosenrot daherkommen. Die beiden Mädchen wollten das Märchen auch immer wieder hören. Aufmerksam saßen sie da und lauschten der Stimme, die erzählte: »Die beiden Kinder hatten einander so lieb, dass sie sich immer an den Händen fassten, sooft sie zusammen ausgingen, und wenn Schneeweißchen sagte: ›Wir wollen uns nicht verlassen‹, so antwortete Rosenrot: ›Solange wir leben, nicht.‹«[11] Der Spitzname »Schneeweißchen und Rosenrot« bleibt den beiden auch erhalten, als sie in die Schule kommen.

Der Übergang vom Kindergarten in die Schule ist für Anja nicht so leicht, und sie fühlt sich oft verloren und allein in der großen Gruppe fremder Kinder. Ganz anders ist das bei Silke, die rasch Anschluss an andere Kinder findet und der es auch gut gelingt, ihre Freundin Anja in die neue soziale Welt einzubeziehen. »Es geht doch nichts über den Zusammenhalt von Schneeweißchen und Rosenrot«, schmunzeln die Eltern. Nach und nach kehrt der Schulalltag in das Leben der beiden Mädchen ein, Eltern und Lehrer sind mit den Schulleistungen zufrieden und auch die soziale Entwicklung verläuft äußerst positiv.

Doch eines Tages kommt Silke mit einem etwas verlegenen Lächeln zu Anja und meint: »Du, im nächsten Schuljahr komme ich in eine andere Schule – mein Papa bekommt einen Arbeitsplatz in S.« Dieser Satz ist wie ein Nadelstich in Anjas Herz, ihr stockt der Atem und sie spürt Tränen aufsteigen. »Nein, aber ...« – sie will etwas sagen, doch dann schüttelt sie ihre langen blonden Haare, nimmt Silke an der Hand und läuft den langen Gang entlang, hinaus ins Freie, hinaus zum gemeinsamen Spiel. Wochen vergehen, die beiden Kinder sprechen nicht über den geplanten Umzug und die bevorstehende Trennung. Allein der Gedanke, nicht mehr an Silkes Seite zu sein, schnürt Anja die Kehle zu und inständig hofft sie, dass sich die Sache mit der neuen Arbeitsstelle von Silkes Papa zerschlagen wird. Heimlich greift sie auf alte Zaubersprüche zurück, die helfen sollen, Silkes Papa zum Bleiben zu bewegen. Auch ihren Schutzengel fleht sie an, etwas zu tun. Diese Aktivitäten können die panische Angst vor einer Trennung von Silke niederhalten, und schließlich glaubt Anja ganz fest, dass sich alles zum Guten wenden wird. Zu Schulschluss umarmen sich die Mädchen innig: Anja kann sich gar nicht trennen von ihrer Freundin, während Silke unsicher etwas von »Wir schreiben uns, ja?« murmelt und sich rasch abwendet.

Die Sommerferien verbringen die Familien der Kinder an unterschiedlichen Orten. Je näher der Schulbeginn rückt, desto stiller wird Anja, sie zieht sich oft in ihr Zimmer zurück, verliert zusehends an Appetit und klagt oft über Bauchschmerzen. Von Silke spricht sie nicht und Fragen nach Briefkontakten weicht sie aus. Eine Karte ihrer Freundin, die sie in den Ferien bekommen hat, bleibt unbeantwortet. Am ersten Schultag nach den Ferien verlässt ein blasses, gedrückt wirkendes Mädchen das Haus und macht sich mit hängenden Schultern auf den Weg zur Schule. In der Klasse stellt sie ihre Schultasche ab, setzt sich auf ihren Stuhl, nimmt an keinem der eifrigen Gespräche ihrer Klassenkameraden teil und wirkt abwesend. Auch in den folgenden Wochen kommt Anja aus ihrer Trauer nicht heraus, findet kaum Anschluss in der Klasse und lässt auch in den schulischen Leistungen stark nach.

Anjas Eltern fühlen sich zunächst sehr unsicher und hilflos. Da Anja ein Einzelkind ist, fürchten sie sehr, ihre Kleine könnte den sozialen Anschluss »verpassen« und bleibend zu einer Außenseiterin werden. Da sie an der prinzipiellen Situation nichts ändern können, müssen sie der inneren Kraft ihrer Tochter vertrauen und sie auf ihrem Weg durch die Trauer unterstützen. Wie könnten diese Hilfen aussehen? Was ist zu beachten und zu tun?

- *Zuwendung:* Anja braucht die Gewissheit konstanter Zuwendung – regelmäßige gemeinsame Aktivitäten sind hilfreich und ganz besonders »Kuschelstunden«.
- *Erkennen der kindlichen Trauerreaktionen:* Anja klammert das Thema »Abschied von Silke« im Sinne eines »Nicht-wahr-haben-Wollens« (= 1. Trauerphase) aus. Die emotionalen Schwierigkeiten schlagen um auf körperliche Beschwerden und es erfolgt ein sozialer Rückzug. Eltern und Lehrer können eine erhöhte Ängstlichkeit und fehlende Konzentrationsfähigkeit feststellen.
- *Verständnis aufbringen für die kindlichen Trauerreaktionen:* Für Anja bricht eine tiefe und langjährige Freundschaft auseinander: »Schneeweißchen verliert Rosenrot«. Es ist schwer für sie, sozial auf eigenen Beinen zu stehen, und die neue Situation, allein in der Klasse bestehen zu müssen, zieht Kraft und Energie ab.
- *Konkrete Maßnahmen:* Hilfreich sind behutsame Gespräche über die Zeit mit Silke, um Anja aus der Erstarrung zu helfen und diese so wichtige Freundschaft nicht zu einem Tabu-Thema werden zu lassen. Wichtig ist, dass die Kindertrauer um den Verlust der Freundin ernst genommen wird, im Sinne von: »Ich weiß, das ist sehr schwer für dich ...«. Die Eltern sollten auf einen geregelten Ablauf rund um Essens- und Schlafenszeiten achten. Bei Fort-

bestand der Bauchschmerzen ist eine ärztliche Abklärung sinnvoll. Anja braucht einen klaren Rahmen, um ihren schulischen Aufgaben nachzukommen (feste Lernzeiten, wohlwollende Hilfestellung und Kontrolle ...). Die Eltern können sanfte Unterstützung geben, neue Kontakte zu intensivieren (z. B. Einladungen zu gemeinsamen Aktivitäten mit anderen Kindern).

• *Geduld und Liebe:* Der Verlust von Silke kommt einem »sozialen Tod« gleich, den Anja erst langsam verarbeiten kann. Sie braucht viel Lob und Anerkennung, die ihr Selbstwertgefühl stärken können.

»... das rote Fahrrad von Sofia!«: Die Geschichte des neunjährigen Florian

Florian muss mit seinen neun Jahren eine sehr schwerwiegende Trauererfahrung machen. Durch den Tod seiner Schwester Sofia kommt er bereits in sehr jungen Jahren mit den Schattenseiten des Lebens ganz intensiv in Kontakt. Er muss nicht nur den Tod seiner Schwester verarbeiten, sondern auch mit seiner neuen Rolle als einziges Kind der Eltern zurechtkommen und seinen Platz im neuen Familiengefüge finden.

Florian und seine jüngere Schwester Sofia leben mit ihren Eltern in einer Reihenhaussiedlung am Stadtrand. Die Kinder verstehen sich gut und Florian nimmt Sofia oft mit, wenn er nach der Schule noch ein paar Runden mit seinem Fahrrad dreht. Für Sofia ist das Fahrradfahren eine tolle Sache und sie ist ganz stolz, selbst schon so gut fahren zu können. An den Wochenenden macht die Familie häufig gemeinsame Radausflüge in die nähere Umgebung. Sofia ist in der Tat schon recht sicher auf ihrem knallroten Fahrrad unterwegs. Sie passt gut auf und hält sich auch daran, nicht auf die Hauptverkehrsstraße zu fahren. Warum sie es dann eines Tages doch tat, warum gerade in diesem Augenblick ein Auto kam – das alles wird ungeklärt bleiben. Reifenquietschen, ein dumpfer Aufprall, Stille.

Sofias plötzlicher Tod bringt Florian und seine Eltern in eine äußerst belastende Situation. Durch die Trauer der Eltern ist Florian zunächst ganz auf sich gestellt. Nach außen reagiert er so, als wäre gar nichts geschehen, er geht weiterhin ganz normal zur Schule und in seinen Fußballverein, er schiebt tröstende Hände von sich, wirft seine Haare zurück und steigt auf sein Fahrrad. Doch wenn Florian in seinem Zimmer mit sich allein ist, dann tauchen viele tausend Fragen auf, die alle um den Tod von Sofia kreisen: »Warum ist sie auf die Straße gefahren und warum ist sie gleich so hart bestraft worden?«, »Warum habe ich nicht besser auf Sofia aufgepasst?«, »Wo ist Sofia jetzt?«, »Wie kann das Leben weitergehen?«... Florian bleibt mit seinen Fragen allein, seine Eltern sind froh, dass er »keine Schwierigkeiten« macht – sie sind zu sehr in ihrer eigenen Trauer und ihren Schuldgefühlen verstrickt. In der Nacht schreckt der Junge oft aus wirren Träumen auf und wie ein Blitz schießt es ihm durch den Kopf: »... das rote Fahrrad, mein Gott, das rote Fahrrad!« Florian fühlt sich durch den Tod seiner Schwester fast wie amputiert – mit einem Schlag ist er vom großen Bruder zu einem Einzelkind geworden.

Für Florian ist es sehr wichtig, dass er in dieser schweren Zeit nicht übersehen wird. Es ist wichtig, dass seine Eltern trotz der großen Trauer um Sofia die Bedürfnisse ihres Sohns wahrnehmen, auf ihn zugehen und ihm beistehen. Ebenso bedeutsam ist es, dass sich nicht alle Gespräche ausschließlich um das tote Mädchen drehen. Manchmal können Hilfen von außen, Menschen, die nicht so sehr in das Unglück verwickelt sind, zu wichtigen »Hilfssystemen« werden. Die Aussprache mit vertrauten Menschen, die Annahme von Hilfe und Beratung sowie ein achtsamer Umgang mit den eigenen Kräften werden in dieser Familie für viele Monate von großer Bedeutung bleiben. Wie kann nun eine Unterstürzung für Florian aussehen?

- *Zuwendung:* Florian braucht das Gefühl, gesehen zu werden, er braucht Aufmerksamkeit, Zuwendung und Anteilnahme durch Außenstehende und das Zusammensein mit den Eltern – schweigend, weinend, einander haltend ...
- *Erkennen der kindlichen Trauerreaktionen:* Florian versucht, Normalität im Sinne der Kontrolle über die Gefühle aufrechtzuerhalten und verhält sich nach außen so, als wäre nichts geschehen. Seine innere Betroffenheit und die Auseinandersetzung mit Schuldgefühlen, Sinnfragen und Ängsten bleiben dem Betrachter weitgehend verborgen.

- *Verständnis aufbringen für die kindlichen Trauerreaktionen:* Florian hat Angst, den Halt zu verlieren, wenn er Tränen und Trauer offen zeigt. Der Junge braucht die Abgrenzung auch von seinen zutiefst erschütterten Eltern. Wichtig ist, dass die Erwachsenen Verständnis für sein untypisches Trauern (versteinerte Miene, cooles Überspielen …) haben.
- *Konkrete Maßnahmen:* Beim Verlust eines Familienmitgliedes – und besonders beim Tod eines Kindes – ist es wichtig, Menschen aus dem sozialen Umfeld (Freunde, Nachbarn, Lehrer) für die Begleitung heranzuziehen. Hilfreich sind Gespräche mit Florians Lehrern und seinem Sporttrainer. Wichtig wäre zu überlegen, ob für den Jungen und/oder seine Eltern eine professionelle Hilfe (z. B. Trauerbegleiter, Schulpsychologin) gut wäre. Die Eltern

Abbildung 13: »… Wo ist Sofia jetzt?«

sollten versuchen, die gemeinsamen Aktivitäten zu verstärken: gemeinsam an Sofia denken, über Sofia sprechen, sich auch an lustige Sachen erinnern. Florian könnte beim Begräbnisritual eine besondere Rolle bekommen, die er selbst gestalten kann.

- *Geduld und Liebe:* Trotz des großen Schmerzes der Eltern um Sofia braucht Florian deutliche Zeichen, geliebt zu werden. Die Eltern sollten versuchen, ihre Aufmerksamkeit auf Florians Aktivitäten und sein Leben zu richten. Die Umgestaltung der Familie und die neue Rollenverteilung wird eine geraume Zeit in Anspruch nehmen.

Allgemeine Unterstützungsmöglichkeiten bei Sterben und Tod

Worauf ist im Allgemeinen zu achten, wenn Grundschulkinder mit schwerwiegenden Verlusten und Sterben konfrontiert sind?

- Ehrlicher und offener Umgang mit der Situation, kein Verheimlichen oder Vertuschen.
- Behutsame, aber klare Sprache, wobei wiederum auf die Wortwahl zu achten ist (Vermeiden von Sätzen wie z. B. »Der Opa ist eingeschlafen.«).
- Eingehen auf kindliche Bedürfnisse nach Information und Wissen.
- Wahrnehmen der kindlichen Gefühle z. B. von Trauer, Ängstlichkeit, Unsicherheit oder Wut und sie als Reaktion auf den Verlust akzeptieren.
- Pflege gemeinsamer Aktivitäten, bei denen immer wieder Gesprächsangebote einfließen können.
- Zulassen von Nähe (Kuscheln, Handhalten ...).
- Einbeziehen der Kinder in Fragen der Verabschiedung oder Begräbnisgestaltung.
- Anregung zu kreativen Ausdrucksformen der Trauer (z. B. Malen, Schreiben, Gestalten eines Trauerbüchleins).
- »Erinnerungsarbeit« – Reise durch die Welt der Erinnerungen (z. B. gemeinsames Betrachten von Fotos, Erzählen wichtiger Ereignisse).

Abbildung 14: »Oma war im Heim, im Herbst ist sie gestorben ...«

Oma war im Heim, sie hat immer den mitgebrachten Tee
   getrunken.
Oma hat sich gefreut, wenn wir sie besucht haben.
Oma hat wenig gesprochen, manchmal hat sie gelacht und
   meine Hand gehalten.
Im Herbst ist Oma gestorben ...

(Erinnerungen an Oma von Tobias, 7 Jahre)

5. Beispiele aus der Welt älterer Kinder

An der Schwelle zur Vorpubertät und Pubertät nähern sich die seelischen Reaktionen von Kindern auf Tod und Sterben, Trennung und Verlust immer stärker den bekannten Mustern Erwachsener. Immer häufiger verwandeln sich die »Trauerpfützen« der Kinderzeit in einen »Strom der Tränen«, der in seinem Verlauf den oftmals beschriebenen vier Trauer-Stationen (vgl. Teil I, S. 54) über ein Nicht-wahrhaben-Wollen bis hin zur Annahme des Verlusts und der Neugestaltung des Lebens führt. Die Übergänge von einem kindlichen Verständnis von Tod und Sterben hin zur erwachsenen Begrifflichkeit sind fließend. Auch kommt es immer wieder zu einer markanten Verschränkung zwischen allgemeinen Entwicklungsprozessen und dem speziellen Zugang zu den Fragen um Leben und Sterben. Je näher Kinder der Pubertät kommen, desto zentraler werden die Frage nach der eigenen Identität (»Wer bin ich eigentlich?«) und die Frage nach dem Sinn des Lebens – und das nicht erst in der Konfrontation mit Sterben und Tod. Bei der Begleitung trauernder Kinder an der Schwelle zur Pubertät und in der Begleitung von Jugendlichen kann diese Bereitschaft zu einer tiefen Auseinandersetzung mit den Lebensfragen an sich sowohl eine Gefahrenquelle (schwer kontrollierbares Abgleiten in ein tiefes schwarzes Loch) als auch eine Chance (angesichts eines bevorstehenden Endes wird das Leben kostbar) darstellen, wie in den nachfolgenden Beispielen ausgeführt wird.

»Papa ist ausgezogen – er fehlt mir so!«: Die Geschichte des zwölfjährigen Jakob

Jakob ist eines der vielen Kinder, die miterleben müssen, dass die Ehe ihrer Eltern auseinanderbricht. Mit dieser Erfahrung steht er nicht alleine da, das weiß Jakob, und doch lastet die Trauer über die Ereignisse schwer auf seinen schmächtigen Schultern. Er war doch immer Papas Liebling gewesen, und jetzt ist Papa einfach gegangen.

Jakob und seine jüngere Schwester Lina haben schon seit längerem bemerkt, dass sich ihre Eltern nicht mehr so gut vertragen. Immer öfter kommt es vor, dass Papa sehr spät nach Hause kommt und das gemeinsame Zusammensitzen am Abend ausfällt. Das schmerzt Jakob, denn das sind schließlich schon »seit Ewigkeiten« seine Stunden mit Papa! Jakob hat auch bemerkt, dass seine Mutter oft mit verweinten Augen umherläuft und sich mit seinem Vater heftige Wortgefechte liefert. »Das sind bloß alberne Streitereien«, versucht Jakob sich einzureden, doch sein Herz beginnt jedes Mal heftig zu pochen und Angst kriecht in ihm hoch. Mit seiner Schwester spricht er nicht darüber, nur mit seinem Freund Jan, dessen Eltern schon lange geschieden sind und der ganz stolz von »seinen zwei Familien« erzählt. Wirklichen Trost bringt das nicht – im Gegenteil! Jakob will keine zweite Familie, Jakob will, dass seine Eltern sich wieder verstehen. Er bemüht sich sehr, in der Schule gute Leistungen zu erzielen, und möchte seinem Vater damit eine Freude machen – leider gelingt ihm das nur selten. Er bemüht sich, keinen Unsinn zu machen, zu folgen und den Wünschen der Eltern zu entsprechen – das gelingt schon leichter. Dieser brave, stille, unauffällige und ruhige Jakob kommt der Mutter aber seltsam vor und auch die Lehrer zeigen sich beunruhigt. Der Vater reagiert auf seinen veränderten Sohn zerstreut und rettet sich mit flotten Sprüchen über die immer dringlicher anstehende Klärung der Situation.

Als es dann doch soweit ist und die Eltern den Kindern mitteilen, dass der Vater demnächst auszieht und die Eltern getrennte Wege einschlagen, bricht für Jakob und seine Schwester eine harte Zeit an. Besonders Jakob, Papas Liebling, kann gar nicht begreifen, warum der Vater nicht bleibt oder warum er, Jakob, nicht wenigstens mit ihm gehen kann. War Papa doch unzufrieden mit ihm? Hätte er sich in der Schule mehr anstrengen sollen? Vielleicht war er ja auch wirklich zu streitsüchtig mit Lina, die immer gleich heulend zu Mama rennt und ihn bei Papa verpetzt ... Jakob sucht und sucht nach Gründen, warum alles so gekommen ist, und er sucht die Schuld bei sich.

Die folgende Zeit bedeutet nicht nur eine Umstellung im Familiengefüge, sondern auch das mühsame Herantasten an den richtigen Umgang miteinander. »Darf ich zu Papa?«, diese einfach klingende Frage wird plötzlich zum Auslöser für kleine Familientragödien. Die Mutter – selbst tief verletzt – kann es kaum ertragen, dass Jakob nur zu seinem Vater möchte und ihn in den rosigsten Farben schildert. Lina ist da »pflegeleichter«, sie sucht den Kontakt zu ihrer Großmutter und meidet das Gesprächsthema Vater – allerdings wird sie von schlechten

Träumen und gelegentlichem Einnässen geplagt. Großmutter sagt: »Das sind Tränen an der falschen Stelle, mein Liebling«, und versucht, Linas Trauer in richtige Bahnen zu lenken.

Bei Jakob gestaltet sich dieser Trauerprozess kompliziert. Er pendelt zwischen Wut, Aggression und einem ständigen Bedürfnis, mit dem Vater zu verhandeln, hin und her. Der Kontakt zur Mutter ist schwierig, Jakob weicht ihr oft aus und entzieht sich ihren Armen. In der Schule verhält er sich sozial unauffällig, seine Leistungen schwanken zwar, doch wirklich gefährdet ist seine Versetzung nicht. Der Lebensraum Schule scheint in seiner Geordnetheit und Vertrautheit wichtiger Ankerplatz für Jakob zu sein. Besonders sein Englischlehrer wird für den so verunsicherten Jungen zu einer wichtigen Stütze und nach dem Auszug des Vaters gleichsam zu einer zweiten Identifikationsfigur.

Die Trennung von Vater und Mutter wird von vielen Kindern als existenzielle Krise empfunden, in der das Vertrauen in die Umwelt stark erschüttert wird. In vielen Fällen werden eine Scheidung und ihre Folgen als Entwurzelung erlebt. Die Kinder können und wollen den Schritt der Eltern nicht verstehen; sie brauchen die Liebe beider Eltern und haben Angst, verlassen zu werden. Die Trauer nach einer Scheidung ist für Kinder auch deshalb so kompliziert, weil sie ihre Trauergefühle nur selten unsanktioniert zeigen können. Sprechen sie vor der Mutter, wie sehr ihnen der Vater fehlt, wie toll der Papa doch ist und was sie alles bei ihm dürfen, löst das in aller Regel bei der Mutter zwiespältige Gefühle aus. Dasselbe gilt natürlich im umgekehrten Fall. Doch ist es eine Tatsache, dass man sich zwar von seinem Partner scheiden lassen kann, nicht jedoch vom Elternsein, das man mit dem Partner auch weiterhin trägt. Und so wäre es sinnvoll, die auch weiterhin bestehenden Verantwortlichkeiten gemeinsam oder im Beisein professioneller Berater (Mediatoren) zu besprechen – zum Wohl der Kinder und für einen guten Start in einen neuen Lebensabschnitt. Kinder brauchen nach einer Scheidung die Möglichkeit, die Vergangenheit wie einen kleinen Schatz in sich aufzuspüren und zu bewahren, aber auch Orientierungspunkte für einen Neuanfang. Da sind Personen, die von außen Hilfestellung anbieten, oft sehr hilfreich, sei dies als »Ersatzidentifikationsmodell« oder einfach nur als ein Mensch, dem man über die Liebe zu Mama *und* Papa erzählen kann.

Was ist nun bei Jakob konkret zu bedenken?

- *Zuwendung:* Jakob braucht das Gefühl, »gesehen« zu werden. Wichtig sind eine Aufmerksamkeit, die dem *Kind Jakob* gilt und nicht so sehr dem »Scheidungsopfer« sowie Zuwendung im Sinne von Interesse an Jakobs Leben, seinen Hobbys und anderem.

- *Erkennen der kindlichen Trauerreaktionen:* Jakob wendet viel Energie auf, um die Scheidung ungeschehen zu machen (»verhandeln«). Er hat starke Stimmungsschwankungen, leidet an Schuldgefühlen und zeigt Verhaltensunsicherheiten und sozialen Rückzug innerhalb der Familie.

- *Verständnis aufbringen für die kindlichen Trauerreaktionen:* Jakob hat Angst, dass ihn in den Armen seiner Mutter die Gefühle überschwemmen könnten – so grenzt er sich ab und zieht sich zurück. Aus dem Gefühl heraus, selbst auch schuld an der Trennung der Eltern zu sein, kreisen seine Gedanken lange Zeit um Versöhnungsmöglichkeiten. Der Junge sucht nach Sicherheit in außerfamiliären Bereichen; Orientierung findet er am Englischlehrer als »Vaterersatz«.

- *Konkrete Maßnahmen:* Es ist sehr wichtig, den Kindern in klaren und eindeutigen Worten zu sagen, dass sie nicht schuld an der Trennung der Eltern sind. Unterstützend sind feste Regelungen des Alltags und gute Planung der Freizeit bzw. anstehender Feste (Geburtstage, Weihnachten ...). Die Beziehung zwischen den Geschwistern sollte durch gemeinsame Aktivitäten gestärkt und Möglichkeiten geschaffen werden, in denen Jakob seine Gefühle ausdrücken kann (Gespräche mit Freunden, sportliche Aktivitäten, Kreatives). Wichtig ist die Verlässlichkeit bei Absprachen, dass Versprechen eingehalten werden, Pünktlichkeit u. Ä. (= Wiederaufbau von Vertrauen und Sicherheitsgefühl). Jakob soll die Möglichkeit haben, den Kontakt zum Vater zu halten und auch mitgestalten zu können.

- *Geduld und Liebe:* Trauerprozesse nach Scheidungen durchbrechen sowohl im Verlauf als auch in ihrer Dauer häufig die Norm und lassen sich schwer vorhersagen, d. h. es kann sehr lange dauern, bis Jakob sich mit der neuen Situation arrangiert hat – oder auch relativ rasch gehen. Für beide Elternteile ist es wichtig, selbst zur Ruhe zu kommen und die anstehenden Dinge zu

Abbildung 15: »Hin und her gerissen – das Problem und seine Lösung«

bearbeiten. Eine rasche Anpassung oder »Normalität« kann nicht erzwungen werden. Besonders hilfreich ist es, regelmäßig kleine Zeichen der Liebe zu setzten im Sinne von: »Ich bin für dich da«.

»Ob Jasmin ein Stern ist?«: Die Geschichte der dreizehnjährigen Lisa

Welches Geheimnis es mit dem Leben im Allgemeinen und mit dem Erwachsenwerden im Besonderen auf sich hat, dieser Frage sind die drei Freundinnen Lisa, Eva und Jasmin immer wieder nachgegangen. Das gemeinsame Philosophieren fand durch Jasmins schwere Krankheit eine jähe Wendung.

Lisa, Eva und Jasmin finden sich nach der Grundschulzeit gemeinsam in derselben weiterführenden Schule wieder. Die Freude ist groß! Gemeinsam bestreiten sie die schulischen Herausforderungen, gemeinsam verbringen sie ihre Freizeit und können nicht genug bekommen, über Gott und die Welt zu reden. Sie sind als Kleeblatt bekannt und unzertrennlich. Es kommt oft vor, dass sie bis spät am Abend bei Lisa im Zimmer sitzen und über die Lehrer, die Jungs, die Ungerechtigkeiten bei der letzten Schularbeit und alles reden, was für Mädchen dieses Alters wichtig ist. Ihre Gespräche führen sie aber auch zu sehr philosophischen Fragen; sie überlegen sich, ob es einen Gott gibt, ob man die Zukunft vorhersagen kann und wer bestimmt, wann das Leben aus ist. Diese theoretische Auseinandersetzung erhält eine sehr drastische Wendung. Jasmin klagt schon länger über Müdigkeit, sie ist sehr blass und fühlt sich nicht gut. Nach einer ersten Blutuntersuchung beim Hausarzt wird sie an die Klinik weiter überwiesen. Den Tagen der Ungewissheit folgt die niederschmetternde Diagnose: Leukämie.

Die nachfolgenden Wochen und Monate nimmt Jasmin den Kampf gegen die Krankheit auf, sie liegt auf der Onkologischen Station und kann nur sehr eingeschränkt Besuch erhalten. Lisa und Eva schreiben ihrer Freundin viele Briefe; sie treffen sich zu gemeinsamen Ritualen, in denen sie versuchen, Jasmin Kraft zu schicken; sie malen Bilder und nehmen Musik für Jasmin auf. Trotz ihrer intensiven Aktivitäten bleibt für die beiden Mädchen alles unwirklich, und Lisa vertraut sich ihrer Mutter an. Sie kann es nicht glauben, dass ihre Freundin sterbenskrank ist. Sie fragt aber auch, warum es gerade Jasmin trifft und ob sie selbst auch Leukämie bekommen kann – vielleicht ist es ja doch ansteckend. Ob ihre Freundin sterben muss?

Lisa sucht Abwechslung und Ablenkung, sie überlässt Eva, den Kontakt zu Jasmin zu halten, und will auch die seltene Gelegenheit nicht nutzen, Jasmin einmal im Krankenhaus zu besuchen. Irgendwie ist ihr das alles zu viel! Und doch kann sie den Gedanken an ihre Freundin nicht einfach wegschieben, sie spürt die Angst, Jasmin zu verlieren, überall in ihrem Körper. Einmal wacht Lisa auf und hat starke Bauchschmerzen, ein andermal meint sie, ihr Herz würde zu schnell schlagen.

Als Jasmin den Kampf gegen ihre Krankheit verliert, fühlt sich Lisa wie versteinert. Sie hat das Gefühl, wie eine Marionette zu funktionieren – nicht einmal weinen kann sie! Erst langsam wird ihr bewusst, dass ihre Freundin gestorben ist und nie wieder mit ihr gemeinsam lachen und spielen wird. Erst langsam kann sie ihre Gefühle zulassen und ihren Tränen freien Lauf lassen. Schlechtes Gewissen stellt sich ein und die quälenden Gedankenschleifen, die alle mit »Hätte ich doch ...« beginnen, lassen sie oft lange nicht einschlafen. Die Gespräche mit Eva helfen Lisa, den Verlust zu begreifen und ihre Trauer zu akzeptieren. Gemeinsam erinnern sie sich an Jasmin und all die Gespräche der letzten Zeit. Wie meinte Jasmin einmal? »Vielleicht werden wir ja alle einmal Sterne sein, dann, wenn wir tot sind?« Und so verbringen Lisa und Eva noch viele Stunden in gemeinsamer Erinnerung an Jasmin und hängen der Frage nach: »Ob Jasmin wohl ein Stern geworden ist?«

Durch das Miterleben einer schweren Erkrankung im Freundeskreis rücken die Themen Sterben und Tod mit einem Schlag in den Mittelpunkt von Gesprächen und Gedanken. Wenn der Tod in den eigenen Reihen passiert, löst dies immer eine tiefe Verunsicherung aus – und das in jeder Altersgruppe! Das Bedürfnis, etwas für den erkrankten Menschen zu tun, ist sehr groß und kann zunächst helfen, aus der eigenen Hilflosigkeit herauszukommen. Zugleich setzt gleichsam eine vorbereitende Trauer ein, eine Trauer, in der die gemeinsame Zeit bunt und leuchtend vor dem inneren Auge auftaucht. Doch wenn alle Bemühungen vergeblich sind und alle Hoffnung auf Heilung schwindet, muss das Sterben als Ende der Freundschaftsbeziehung angenommen und verarbeitet werden. Hilfreich sind Erinnerungen an den verstorbenen Menschen, an seine Gedanken und das gemeinsam Erlebte. Wie ist Lisa in ihrer Trauerbewältigung zu unterstützen?

- *Zuwendung:* Wichtig sind Signale der Eltern, für Lisa da zu sein, Gesprächsangebote und das Eingehen auf die Situation auch in der Schule.
- *Erkennen der kindlichen Trauerreaktionen:* In der vorbereitenden Trauer während der Krankheit sind es vor allem Angst und Verunsicherung sowie das Bedürfnis nach Klärung vieler offener Fragen (warum?), die die Trauerreaktion bestimmen. Zu beobachten sind auch ein Aufflackern magischer Strategien (Kraftrituale), ein Wechsel zwischen Nichtwahrhaben und aktiver Unterstützung sowie körperliche Symptome. Die Trauer nach Jasmins Tod ist vor allem von Erstarrung geprägt, einem Gefühl von Unwirklichkeit. Das langsame Aufbrechen der Gefühle ist verbunden mit vielen Tränen. Wichtig werden die Erinnerung an gemeinsame Zeiten und die Beschäftigung mit der Frage nach einem Weiterleben in anderer Form (Stern).
- *Verständnis aufbringen für die kindlichen Trauerreaktionen:* Lisa möchte ihrer Unsicherheit und Angst durch Klärung und Gespräche entfliehen. Ihr Rückgriff auf Formen kindlichen Handelns und Denkens gibt Sicherheit. Der zunächst noch offene Ausgang von Jasmins Erkrankung verstärkt das innere Gefühlskarussell (»Gefühlsrad«). Lisas Aussteigen aus den Aktivitäten für ihre Freundin sind Zeichen einer seelischen Überforderung und die körperlichen Symptome sind als Ausdruck erhöhter Anspannung zu sehen. Nach Jasmins Tod findet Lisa recht rasch Möglichkeiten der Trauerbewältigung in Form des gemeinsamen Erinnerns. Viele kleine Abschiedsschritte sind schon während der Krankheit von Jasmin erfolgt.
- *Konkrete Maßnahmen:* Wichtig ist ein ehrlicher Umgang mit der Situation. Wiederholte Gespräche über die Krankheit im Allgemeinen und die konkreten Maßnahmen bei Jasmin können unterstützend sein, ebenso Hilfestellungen bei der Suche, für Jasmin etwas zu tun. Kindlichen Ängsten sollten klare Antworten entgegengebracht werden (z. B. »Leukämie ist nicht ansteckend« ...). Lisa braucht gewisse Auszeiten – Angebote für

gemeinsame Unternehmungen können hier hilfreich sein. Die Teilnahme an der Verabschiedungsfeier kann für Lisa sehr wichtig sein, ebenso das Sprechen über Mitgestaltungsmöglichkeiten und das Austauschen von Erinnerungen an Jasmin.

- *Geduld und Liebe:* Der Tod hat eine große Lücke im Kleeblatt der drei Freundinnen hinterlassen, die sich nicht so rasch schließen wird. Die Fragen, warum ein junger Mensch sterben muss, werden noch lange nachklingen. Ein ängstlicher Blick auf die eigene Gesundheit kann immer wieder aufflackern. Lisas Aktivitäten während Jasmins Aufenthalt in der Klinik sollten wertgeschätzt und ihr Selbstbewusstsein gestärkt werden.

Allgemeine Unterstützungsmöglichkeiten bei Sterben und Tod

Je älter Kinder werden, desto stärker wird ihr Bedürfnis, ihre Gefühle – auch ihre Trauergefühle – auf ihre ganz eigene Weise auszudrücken und auszuleben. Das bedarf einer verständnisvollen Haltung seitens der Erwachsenen. Auch der Wunsch, »alles und alles sofort« zu erfahren, zu bekommen, zu verstehen, sind Merkmale einer Entwicklung, die in der Pubertät ihren Höhepunkt hat. In der Begleitung von Kindern, die an der Schwelle zur Pubertät stehen, muss einerseits das Bedürfnis nach einem individuellen Zugang respektiert, zum anderen aber die oft verdeckte Sehnsucht nach Nähe und Geborgenheit erkannt werden.

Nicht vorüber

Was vorüber ist
ist nicht vorüber
Es wächst weiter
in deinen Zellen
ein Baum aus Tränen
oder
vergangenem Glück

Rose Ausländer[12]

93

Welche Aspekte der Trauerbegleitung sind für die Bewältigung von schwerwiegenden Verlust- und Abschiedssituationen speziell in dieser Altersgruppe zu beachten?

- Kein Verschieben wichtiger Informationen über Umstände oder Ursachen des Todes.
- Ehrliche Antworten – auch das Eingestehen, selbst unsicher zu sein und keine Antwort zu wissen, kann eine Antwort sein.
- Gesprächsbereitschaft signalisieren, Gespräche immer als Angebot betrachten und nicht aufzwingen.
- Kinder selbst bestimmen lassen, wann sie über ihre Gefühle und Gedanken sprechen wollen.
- Ungestörtes Zusammensein mit dem trauernden Kind ermöglichen (Nähe, Zuhören ...).
- Respekt vor dem Bedürfnis nach Rückzug und dem Leben »in den eigenen vier Wänden«.
- Unterstützung beim Aufrechterhalten des Alltagsrhythmus (regelmäßige Essenszeiten als Angebot, Einhalten der Wach- und Schlafzeiten sowie der Arbeits- und Ruhephasen, Freizeit).
- Verständnis für unübliches Trauerverhalten (z. B. laute Musik, schrille Kleidung).
- Einbeziehen in die Vorbereitungen rund um die Verabschiedung des Verstorbenen (persönliche Gestaltung).
- Teilnahme an den Verabschiedungsfeierlichkeiten ermöglichen.

6. Antworten auf häufig gestellte Fragen

Speziell in der Begegnung mit Sterben und Tod tauchen nicht nur bei Kindern viele Fragen auf, sondern auch Erwachsene wollen wissen, wie sie am besten mit der Situation umgehen sollen. Nachfolgend sind einige jener Fragen angeführt, die in Gesprächen mit Freunden, Bekannten oder professionellen Begleitern vor allem im Zusammenhang mit Sterben und Tod immer wieder gestellt werden. Die Antworten erheben weder Anspruch auf Vollständigkeit, noch werden sie für alle Situationen zutreffen; sie sollen lediglich Möglichkeiten aufzeigen und Orientierungshilfen anbieten.

»Kann ich meinem Kind zumuten, dass es unsere tote Katze sieht? Und wie rasch sollen wir uns ein neues Haustier zulegen?«

Kindern fällt es leichter, die Realität anzuerkennen, wenn sie die Gelegenheit haben, das tote Tier noch einmal zu sehen. Wenn das Tier arg entstellt ist, kann man es vielleicht mit Blättern oder Erde etwas abdecken. Es ist für Kinder viel schwerer, wenn Tiere einfach »verschwinden«, als wenn sie den toten Weggefährten noch einmal sehen. Je nach Alter (vgl. Teil I) werden die Kinder auch Fragen stellen und für altersgemäße Antworten dankbar sein. Kinder fragen z. B.: »Tut Sami seine Pfote weh?«, »Was passiert mit Flocke, wenn wir sie in der Erde vergraben?«, »Gibt es einen Katzenhimmel?« Solche und ähnliche Fragen sowie die daran anschließenden Gespräche erleichtern den Kindern den Umgang mit der Situation. Auch das Gestalten der Verabschiedung – das Begräbnis – ist ein wichtiger Baustein in der Bewältigung und lässt das Kind die positive Wirkung von Ritualen erfahren.

Trauer braucht Zeit – dies gilt für Kinder wie für Erwachsene. Ein zu rasches »Zudecken der Trauer« durch ein neues Haustier mag zwar Ablenkung bringen, ist jedoch für das Einüben in Verarbeitungsprozesse nicht so gut. Das Kind kann anhand des Abschieds von seiner Katze viel für andere Abschiedssituationen lernen, z. B. Kraft aus der Erinnerung zu schöpfen. Meistens können Eltern gut erkennen, wann die Zeit reif ist, einen neuen Weggefährten ins Haus zu nehmen.

»Was ist das Trauergedächtnis und was bedeutet es für Kinder?«

Unter dem Begriff Trauergedächtnis versteht man die Tatsache, dass alle Verlust- und Abschiedssituationen ihre Spuren im Gedächtnis zurücklassen und als Erinnerung wieder abgerufen werden können. Manche Verlusterfahrungen ruhen noch unverarbeitet in Kindern und Erwachsenen und können sich beim Erleben neuer Verlustsituationen wieder melden. Das macht den aktuellen Trauerprozess schwieriger. Deshalb ist es wichtig, der aktuellen Trauer hier und jetzt Raum zu geben, sei dies das Traurigsein über die verlorene Puppe, über den Tod der Katze, über den Wechsel in eine neue Spielgruppe oder den Tod der Oma.

Bei besonders heftigen Trauerreaktionen mit stark schwankenden Gefühlen ist zu vermuten, dass sich noch alte Trauerreste bemerkbar machen, und man muss sich die Frage stellen: »Wem gilt die Trauer eigentlich?« Manchmal können auch äußere Umstände und Stimmungen Trauergefühle auslösen, weil sie ursprünglich mit einem Verlust in Verbindung standen und im Trauergedächtnis gleichsam als ein großes Trauerpaket abgespeichert wurden. Dies ist vor allem bei Kindern oder Erwachsenen zu beobachten, die in sehr jungen Jahren schwerwiegenden Verlustsituationen direkt oder indirekt ausgesetzt waren (vgl. Teil I, S. 26 ff.). Hilfreich ist es zu wissen, dass jeder neue Traueranlass die Chance in sich birgt, alte unerledigte Trauerreste aufzuarbeiten.

»Was muss man im Kindergarten oder in der Schule bei einer Trauerbegleitung besonders beachten?«

Hilfreich ist es, sich über folgende Punkte Klarheit zu verschaffen:

1. *Wer trauert?* Wie alt ist das Kind, wie ist sein Entwicklungsstand, wie ist seine Persönlichkeit, welche Informationen hat das Kind zum Verlust, wie viele Trauersituationen hat das Kind schon erlebt, in welchem sozialen System lebt es?

2. *Wem gilt die Trauer?* Handelt es sich um einen Gegenstand, ein Tier oder einen Menschen, wie war die Beziehung, welchen Symbolcharakter oder Stellenwert hatte der Gegenstand / das Tier; wie war die Beziehung zu dem Menschen, in welchem Näheverhältnis stand der Verstorbene, wie häufig waren die Kontakte zum Kind, welche Rolle spielte die Person im Alltag des Kindes?

3. Wie ist die Situation? Handelt es sich um ein unvorhergesehenes, plötzliches Ereignis, war mit dem Verlust zu rechnen, war das Kind in einer Weise vorbereitet, gibt es Möglichkeiten der Verabschiedung, welche Folgen hat der Verlust für das Leben des Kindes, welche familiären und außerfamiliären Stützen sind vorhanden, wie ist die gesamte seelische und soziale Lage des Kindes, gibt es zusätzlich andere Krisen oder Schwierigkeiten?

Nach Abklärung dieser Fragen ist es leichter möglich, die geeignete Unterstützung anzubieten. Besonders hilfreich sind speziell im außerfamiliären Rahmen von Kindergarten oder Schule geeignete Rituale, in denen das trauernde Kind sich als Teil einer Gemeinschaft erfahren kann.

»Kann man Kindern den Anblick eines toten Menschen zumuten?«
Diese Frage beschäftigt viele Eltern und spiegelt die Sorge wider, Kinder durch den Anblick eines toten Menschen zu schockieren. Auch der Wunsch, der Verstorbene möge in »guter Erinnerung« bleiben, kann dazu führen, dass man Kinder nicht ans Totenbett treten lässt. Doch der Anblick eines toten Menschen ist in aller Regel nicht erschreckend oder Angst einflößend und kann Kindern durchaus zugemutet werden. Dadurch wird es ihnen leichter möglich, den Tod in seiner Endgültigkeit zu realisieren, und die oft Furcht erregenden Fantasien, die sich rund um das Aussehen Verstorbener ranken, werden durch die realen Erfahrungen ersetzt. In den allermeisten Fällen tragen die Gesichter toter Menschen friedliche und sanfte Züge. Das Bild des toten Menschen auf der einen Seite und die Erinnerung an früher auf der anderen ermöglichen dem Kind die bewusste Wahrnehmung von Tod und Leben.

Wichtig ist allerdings, das Kind auf diese Begegnung vorzubereiten, es dabei zu begleiten und ihm die Gelegenheit zu einer kleinen rituellen Handlung zu geben (z. B. Niederlegen einer Blume, Sprechen eines Gebets). Im Anschluss an das Betrachten des Toten tauchen bei Kindern oft viele Fragen auf (»Bekommt der Opa da drinnen auch genug Luft?«, »Trifft Oma im Himmel unseren Kater Max wieder?«, »Friert Benjamin in diesem Sarg?«), die man mit dem Kind gemeinsam besprechen sollte. Für manche Kinder ist es sehr hilfreich, wenn sie

Abbildung 16: »Das hat mich traurig gemacht ...«

ihre Gefühle auf kreative Art und Weise ausdrücken können, wie z. B. Nachspielen der erlebten Rituale, Malen oder Zeichnen.

»Wie lange trauern Kinder?«

Kindliche Trauer kann wenige Tage bis zu Monaten dauern – genaue Zeitangaben sind fast unmöglich, weil die Entwicklung im Kindesalter im Allgemeinen rasch voranschreitet, was auch Auswirkungen auf die Möglichkeit hat, Tot-Sein und Endgültigkeit zu begreifen (vgl. Teil I, S. 25 ff.). Einen großen Einfluss auf die Dauer kindlicher Trauer nehmen die Konsequenzen, die ein Verlust oder eine Trennung für den Kinderalltag haben. Kinder werden zudem stark von Gefühlen und Verhaltensweisen beeinflusst, die sie in ihrer Umgebung spüren und wahrnehmen. Auch macht die Sprunghaftigkeit kindlicher Trauer eine klare Einschätzung der Dauer von Trauerprozessen schwierig. Anders als bei Erwachsenen tauchen Kinder immer wieder einmal in ihre Trauer ein, um dann rasch wieder in die alte Lebensfreude zu springen.

Zu Erinnerung sei hier angeführt, dass Trauerprozesse bei Erwachsenen in Abhängigkeit von der Schwere des erlittenen Verlusts etwa ein bis drei Jahre dauern. Auch das oft zitierte Trauerjahr weist auf die Bedeutung dieser Zeitspanne hin: Wenn man nach einem Verlust sein Leben wieder einen ganzen Jahreszyklus hindurch durchlebt hat, fällt auch eine Neuorientierung leichter.

»Worauf muss ich in der Begleitung meiner trauernden Kinder besonders achten?«
Neben den konkreten Unterstützungsmöglichkeiten, die sich stark am Alter der Kinder orientieren (vgl. Teil I, S. 55 ff.), geht es in einer guten Trauerbegleitung immer um:

* Beziehung *statt* Isolation,
* Gespräche *statt* Schweigen,
* Sicherheit *statt* Angst,
* Wahrheit *statt* Fantasien,
* Alltagsroutine *statt* Chaos.

Konkret bedeutet dies, das Kind in seiner Trauer nicht allein zu lassen und von der Trauergemeinschaft – wenn es sich um einen Todesfall handelt – nicht auszuschließen. Das Zusammensein mit vertrauten Menschen erleichtert das Zulassen von Tränen und Trauer. Auch wenn es manchmal schwer fällt, ist ein offenes Gespräch wichtig und hilfreich. Schweigen, Vertrösten, Vertuschen schaffen nur Unsicherheit. Auch Ablenkung schiebt den Schmerz nur kurzfristig beiseite und verhindert die notwendige Trauerarbeit. Deshalb ist auch ein ehrlicher Umgang wichtig, bei dem weder Beschwichtigungen noch Halbwahrheiten einen Platz haben dürfen. Auch wenn Kinder nicht alles verstehen, so sollen sie doch die Möglichkeit haben, sich an der Wahrheit orientieren zu können anstatt ihren – oft sehr bedrohlichen und ängstigenden – Fantasien über die Ereignisse ausgeliefert zu sein. In der stürmischen Zeit der Trauer brauchen Kinder auch Struktur und gewohnte Ordnung im Alltag. Vertraute Rituale und das Aufrechterhalten des gewohnten Tagesablaufs weisen den Weg zurück in den normalen Alltag.

»*Soll man Kinder zur Verabschiedungsfeier mitnehmen? Ist ein Begräbnis Kindern überhaupt zumutbar?*

Prinzipiell sollte kein Kind von einer Verabschiedungsfeier ausgeschlossen, jedoch auch nicht zu einer Teilnahme gezwungen werden. Es schadet Kindern keinesfalls, wenn sie an einer Beerdigung teilnehmen, vorausgesetzt, die Eltern können dem zustimmen. Hilfreich ist es, wenn den Kindern im Vorfeld erklärt wird, wie die Verabschiedungszeremonie ablaufen und was es in etwa erleben wird – angefangen von den meist in schwarz gekleideten Menschen, die oft weinen, und dem offenen Grab oder dem aufgestellten Sarg bis hin zu den Ritualen am Grab, wie dem Nachwerfen von Erde oder von Blumen.

Kinder möchten gerne etwas tun, sich beteiligen und miteinbezogen werden – so auch bei Begräbnissen. Diesem Wunsch nach Aktivität kann man entgegenkommen, indem man Kinder auffordert, für den Verstorbenen noch ein Bild zu malen oder einen Korb frischer Blumen zu sammeln, die dann anstelle von Erde auf den Sarg geworfen werden.

Abbildung 17: Kinderzeichnung: »Beim Begräbnis von Opa«

Je näher der Verstorbene der Trauergemeinde steht, desto wichtiger ist es, dass Kinder ihre eigene Begleitperson haben, an deren Hand sie sich festhalten können und die auch für Fragen da sind. Das gemeinsame Erleben einer Beerdigung oder Verabschiedung kann das Zugehörigkeitsgefühl innerhalb der (Groß)Familie stärken und dem Kind das Gefühl geben, dazuzugehören. Auch schafft die Erinnerung an das gemeinsam Erlebte ein starkes Band, das in der nachfolgenden Zeit der Trauer genutzt werden kann.

»Wie soll ich Kindern erklären, wo die Verstorbenen sind?«
Bei dieser Frage spielt die persönliche Überzeugung der Eltern die entscheidende Rolle. Wichtig ist in diesem Zusammenhang, dass man den Kindern seine Antwort aus einer ehrlichen Überzeugung heraus gibt und nicht nur leere Worthülsen, die nichts mit der persönlichen Einstellung zu tun haben. Kinder spüren genau, wenn die Eltern nicht hinter ihren Sätzen stehen und ihnen nur etwas vormachen. Kinder brauchen ehrliche Antworten!

Wenn man sich selbst nicht sicher ist und sich durch die Aussagen einer christlichen Glaubensrichtung nicht ausreichend getragen fühlt, so kann man den Kindern einfach sagen, dass man das selbst nicht so genau wisse. Vielleicht kann man mit dem Kind gemeinsam darüber nachdenken, wie man sich das vorstellen könnte und welche Ideen das Kind selbst dazu hat.

Meistens entspringen Kinderfragen zu diesem Thema der Diskrepanz zwischen der Tatsache des Tot-Seins und Begrabenwerdens einerseits und andererseits der lebendigen Erinnerung an den Verstorbenen und dem oftmals auftretenden Gefühl, den verstorbenen Menschen ganz in seiner Nähe zu spüren. Hier der tote Körper im Grab – dort ein Leben in jenseitigen Welten? Das ist nicht nur für Kinder verwirrend und Anlass zu tiefsinnigen Gesprächen und Gedanken. Die Erklärung der eigenen erwachsenen Sichtweise, das Suchen nach möglichen Antworten und das Interesse an den Vorstellungen des Kindes erleichtern den Zugang zu dieser existenziellen Frage.

»Ab welchem Alter kann man Kindern sagen, dass jemand gestorben ist?«
Kinder sind nie zu klein für die Wahrheit – es kommt einfach darauf an, die Dinge kindgerecht anzusprechen. Dafür ist es hilfreich,

sich in der Welt der Kinder und in ihren gedanklichen und gefühlsmäßigen Möglichkeiten ein bisschen auszukennen. Gerade das Begreifen von Tot-Sein ist schwer, und Kinder können erst langsam in diesen Begriff hineinwachsen (vgl. Teil I, S. 25 ff.). Dennoch ist es wichtig, klare, einfache, ehrliche Worte zu suchen. Kinder werden durch Verschweigen von Tatsachen nicht geschont, im Gegenteil! Kinder haben feine Antennen, die sie die Stimmung in ihrer Umwelt sehr genau wahrnehmen und registrieren lassen, und so kann man ihnen ohnehin nichts vormachen. Klare Aussagen stärken das kindliche Vertrauen in die Zuverlässigkeit elterlicher Aussagen.

»Nach dem Tod von Oma kommen meine Kinder nicht aus dem Fragen heraus. Was soll ich nur tun?«

Besonders nach dem Tod von nahestehenden Menschen fühlen sich Eltern durch die Flut an aufkommenden Fragen belastet und überfordert, weil sie ja selbst trauern. Viele Fragen rühren da an die eigenen Trauergefühle, und es fehlt die Ruhe und Gelassenheit, immer wiederkehrende Frageschleifen als Versuch des Kindes zu sehen, das Unbegreifliche zu verstehen. Aber meistens ist es schon ausreichend, wenn man dem fragenden Kind einfach signalisiert:»Du darfst fragen – auch wenn ich nicht immer eine Antwort habe«! Das fragend-trauernde Kind einfach nicht allein zu lassen und ihm ein Ohr zu leihen ist schon eine große Hilfe. Da-Sein, Zuhören und Sich-Zeit-Nehmen geben dem Kind das wichtige Signal: Ich werde gesehen und ernst genommen. Aber warum fragen Kinder so viel? Die Fragenflut kommt zum einen aus dem Bedürfnis heraus zu verstehen, was geschehen ist. Zum anderen wollen Kinder über ihre Fragen die alt vertraute Sicherheit, die ihnen durch den Tod eines nahestehenden Menschen ein Stück weit verloren gegangen ist, wiederbekommen. Das ist auch der Grund, warum so oft gleichlautende Fragen in Form immer wiederkehrender Frageschleifen gestellt werden. Die damit verbundene Sehnsucht ist, immer gleich lautende Antworten zu bekommen – das gibt Sicherheit. Konkret kann dies in der Begleitung von Kindern Folgendes bedeuten: Für fragende Kinder da sein, ihnen zuhören, nicht (be)werten, behutsam nach den kindlichen Antworten rückfragen, einfach und ehrlich Antworten geben, gemeinsam nach Antworten suchen und dazu stehen, dass man selbst nicht alles weiß – das ist für das Kind hilfreicher als unehrliche, ausweichende oder vertuschende Antworten.

»Gibt es so etwas wie eine erste Hilfe, wenn Kinder vom Tod geliebter Menschen erfahren?«

Viele Eltern und Begleiter fühlen sich in ihrer Rolle als Helfer hilflos und ohnmächtig, wenn sie Kinder mit belastenden Dingen konfrontieren müssen. Hilfreich ist es, das aus der Krisenintervention[13] stammende Modell »BELLA« anzuwenden. Was bedeutet das? Die einzelnen Buchstaben stehen für wichtig Schritte in der Erstversorgung:

- Beziehung herstellen (sich dem Kind zuwenden, da sein, das Kind nicht alleine lassen …).
- Erfassen der Situation (wer ist gestorben / was ist passiert, in welcher Beziehung steht das Ereignis zum Kind …?).
- Linderung der Symptome (unter Schock frieren viele Menschen und fühlen sich schwach – auch Kinder: dem Kind eine wärmende Decke anbieten, es in den Arm nehmen, zu einem Stuhl/Sofa führen …).
- Leute (welche Menschen können helfen, wer kann für das Kind da sein; wer muss verständigt werden …?).
- Ansatz einer Lösung (sich Gedanken darüber machen, wer auch die folgende Zeit das Kind auf seinem Weg durch die Trauer begleiten kann …).

»Bei welchen Verlustsituationen brauchen Kinder professionelle Hilfe?«

Es gibt im Prinzip keine Trauersituation, in der man sagen kann: Hier *muss* eine professionelle Unterstützung hinzugezogen werden. Allerdings gibt es viele Situationen, in denen es *sinnvoll* und *ratsam* ist, Gespräche mit professionellen Begleitern zu suchen. Manchmal ergibt sich daraus eine therapeutische Begleitung über einen längeren Zeitraum, manchmal können schon in wenigen Gesprächen die richtigen Weichen gestellt werden. Eltern sollten sich nicht scheuen, eine Beratungsstelle oder einen Therapeuten zu Rate zu ziehen, wenn sie um ihr trauerndes Kind in Sorge sind oder dessen Verhalten zu Schwierigkeiten in der Familie oder in der Schule führt. Allerdings muss man sich auch klar darüber sein, dass Therapeuten und andere professionelle Begleiter eine gute Beziehung zu den Eltern, Geschwistern und Freunden gerade in Zeiten der Trauer nicht ersetzen können. Professionelle Helfer sind Weggefährten für eine begrenzte Zeit.

Folgende Anzeichen im Verhalten von Kindern legen professionelle Hilfestellung nahe:

- Heftige körperliche Reaktionen (Schlafstörungen, Gewichtsverlust, Essprobleme, Kopfschmerzen u. Ä.), die über einen *längeren Zeitraum* anhalten.
- Ungewöhnliche Schweigsamkeit, *lang andauerndes* Bedürfnis nach Rückzug, außergewöhnlich *lange* Phasen der Niedergeschlagenheit.
- *Extreme* und für das Kind *untypische* Verhaltensänderungen (»Mein Kind ist wie ausgewechselt«), soziale Auffälligkeiten in der Gemeinschaft (heftige Wutausbrüche, Aggressionen, gesteigerte Dünnhäutigkeit, Weinerlichkeit).
- *Lang anhaltender* Rückzug von Freunden und Hobbys.
- *Deutlicher* und *über längere Zeit anhaltender* Leistungsabfall in der Schule.

Die genannten Merkmale im Verhalten von Kindern weisen darauf hin, dass das Kind noch keine geeignete Möglichkeit gefunden hat, mit seinen Gefühlen der Trauer umzugehen. Der Anlass der Trauer spielt dabei nur eine untergeordnete Rolle.

Es gibt aber auch manche Situationen, die so gravierend und belastend sind, dass ganz prinzipiell an eine professionelle Hilfestellung zu denken ist. Bei folgenden Ereignissen ist dies der Fall:

- Wenn der Tod eines nahe stehenden Menschen *plötzlich*, »wie ein Blitz aus heiterem Himmel« die Familie trifft.
- Wenn es sich um sehr *dramatischen Todesfällen* wie z. B. Selbstmord, Tod unter Gewalteinfluss oder Tod nach einem schweren Unfall handelt.
- Wenn sich die Trauernden *mitschuldig* am Tod fühlen.
- Wenn sich *Todesfälle* in relativ kurzen Zeitabständen *häufen*.
- Beim *Tod von Geschwistern.*
- Beim *Tod eines Elternteils bzw. beider Eltern.*
- Bei weitgehendem *Fehlen von Bezugspersonen* oder anderer sozialer Stützsysteme.

Abbildung 18: »Nähe zulassen – für Kinder da sein«

Teil III: Kinder einfühlsamer begleiten: Anregungen und Hilfestellungen

1. Persönliche Auseinandersetzung mit Abschied, Verlust und Trauer – eine wichtige Voraussetzung

Für eine gute Begleitung trauernder Kinder ist es hilfreich, über die besondere Sichtweise von Kindern Bescheid zu wissen, die Welt mit ihren Augen sehen zu können und Verständnis für Reaktionsweisen aufzubringen, die den eigenen Vorstellungen von »richtig« oder »angemessen« vielleicht nicht immer so recht entsprechen wollen. Was kann helfen, dieser komplexen Herausforderung gerecht zu werden? Zum einen ist es hilfreich, über die Gesetze kindlicher Entwicklung im Allgemeinen und über das kindliche Verständnis von Tod, Verlust und Abschiednehmen im Besonderen Bescheid zu wissen (vgl. Teil I, S. 25 ff.). Zum anderen verlangt es die Bereitschaft, sich selbst mit diesen Fragen auseinanderzusetzen. Die persönliche Auseinandersetzung ist insbesondere deshalb so sinnvoll und wichtig, weil sowohl die eigenen Einstellungen gegenüber existenziellen Fragen als auch die persönlichen Erfahrungen in die tägliche Erziehungspraxis mit einfließen. Beispielsweise wird dies in der Art und Weise deutlich, wie man auf Kinderfragen eingeht, welche Antworten man findet und ob man ganz prinzipiell bereit ist, kindliche Trauer – aus welchen Gründen auch immer sie auftreten mag – ernst zu nehmen. Kinder können durch ihre Fragen und ihren Umgang mit Abschied, Verlust und Tod die Menschen in ihrem Unfeld verunsichern.

Das Thema Tod ist und bleibt in unserer Gesellschaft ein Tabu-Thema und der Blick auf die Endlichkeit des Lebens wird selten gewagt. Auch bei weniger dramatischen Trennungssituationen – angefangen von den kleinen Abschieden des Alltags bis hin zu den immer wieder nötigen Ablösungsprozessen im Laufe des Lebens – ist eine Tendenz zu beobachten, den Blick von den Schattenseiten des Lebens abzuwenden und diese an den Rand einer bewussten Auseinandersetzung zu drängen. Viele Erwachsene möchten all die »schweren« Dinge möglichst lange von ihren Kindern fernhalten. Dieses Ausgrenzen führt jedoch leider in aller Regel nicht dazu, dass Kinder für die Bewältigung ihrer Probleme, ihrer kleinen und großen Nöte die richtige Unterstützung bekommen. Was brauchen trauernde Kinder? Trauernde Kinder brauchen in jedem Fall Menschen, die sich ihres Traurigseins annehmen, die offen und ehrlich auf ihre Fragen eingehen und ihnen in Zeiten Geborgenheit geben, in denen es in der kindlichen Seele stürmisch zugeht. Diese hilfreiche Begleitung kann umso leichter gelingen, je bewusster man selbst mit den Fragen um Leben und Tod, um Abschied, Trennung und Verlust umgehen kann.

Im Folgenden soll die persönliche Auseinandersetzung der Erwachsenen mit den existenziellen Fragen um Leben, Tod und Abschiednehmen im Mittelpunkt stehen. Eltern sowie alle Erwachsenen, die privat oder beruflich mit Kindern leben oder sie begleiten, sollten versuchen herauszufinden, welche Einstellung und Haltung sie selbst zum Thema Vergänglichkeit haben, um so zu einer gewissen inneren Sicherheit zu kommen. Verbunden ist dies mit Anregungen, ein Stück auf die eigene Geschichte zurückzublicken und sich bewusst zu werden, was man selbst in der Kindheit erlebt hat, ob und welche Antworten man auf wichtige Lebensfragen erhielt und welche Werte einem mitgegeben wurden. Wer bereit ist, sich gedanklich auf eine Entdeckungsreise in die eigene Kindheit zu begeben und in der eigenen Vergangenheit zu »forschen«, wird nicht nur sich selbst ein bisschen besser verstehen können, sondern wird Kindern eher ein hilfreicher Weggefährte bei ihrer Suche nach Antworten auf existenzielle Fragen sein können.

Es ist sinnvoll, sich selbst grundsätzlich mit den Fragen um Leben, Tod und Abschiednehmen auseinanderzusetzen, bevor durch Kinderfragen daran gerührt wird oder gar alte Wunden aufbrechen und man in eine große Ratlosigkeit verfällt. Dazu gehört besonders, sich mit dem Thema Vergänglichkeit zu beschäftigen. Das fällt vielen Menschen schwer. Die meisten haben im Laufe des Lebens zwar schon etliche Verlust- und Abschiedssituationen gemeistert, sind mit Leid, Trennung, Krankheit oder Tod in Kontakt gekommen und haben einen Weg gefunden, mit den ausgelösten Ängsten mehr oder weniger gut umzugehen. Doch aufgrund der Tabuisierung dieser schwierigen existenziellen Themen in der Gesellschaft und der verständlichen Sehnsucht des Einzelnen, bevorzugt auf die hellen und lichten Lebensmomente zu schauen, bleiben »schwere« Gedanken und sogenannte negative Gefühle häufig auf der Strecke. Nur zu oft werden sie wegge-schoben, verdrängt, ausgeklammert, aus dem alltäglichen Leben aus-gesperrt und »auf später« verschoben. Dies ist jedoch weder für die Bewältigung des eigenen Lebens noch für die Begleitung von anderen hilfreich.

Wie könnte eine erste Annäherung an das Thema Endlichkeit, Ver-gänglichkeit, Abschiednehmen aussehen? Manchmal hilft schon ein ganz bewusstes Hinschauen auf die Natur, die in einem immer wieder-kehrenden Rhythmus Werden und Vergehen vor Augen führt. In einem zweiten Schritt können die eigenen Erfahrungen mit diesen Aspekten in Beziehung gebracht werden. So kann eine Auseinander-setzung mit jenem »Stirb und Werde« eingeleitet werden, das sich auf unterschiedliche Weise durch jedes Leben zieht: Jedem Morgen folgt der Abend und aus der Dunkelheit der Nacht dämmert langsam ein neuer Morgen herauf. Was uns in der Natur vertraut ist, lässt sich auch auf das menschliche Leben übertragen. Während beispielsweise ein Lebensabschnitt mit seinen typischen Herausforderungen und Chan-cen zu Ende geht, kündigen sich bereits neue Lebensperspektiven an und ein Neubeginn wird möglich. Als zentrales Lebensthema spielt dies bei der Gestaltung unseres Lebens und allen Versuchen, der eige-nen Existenz, dem eigenen Leben Sinn zu verleihen, eine tragende Rolle. In der Begrenztheit und der Verletzlichkeit des Daseins sowie im Ausgeliefertsein an die Gesetze der Natur liegen jene Herauforderun-gen, die uns kreativ und gestalterisch werden lassen, die uns an Sinn- und Glaubensfragen heranführen und die persönliche Lebensführung beeinflussen.

> Und solange du das nicht hast,
> Dieses: Stirb und werde!,
> Bist du nur ein trüber Gast
> Auf der dunklen Erde.
>
> *Johann Wolfgang von Goethe*[14]

Die Schattenseiten des Lebens nicht ausklammern

Warum ist diese persönliche Beschäftigung mit den Abschieden im eigenen Leben, mit den erlittenen Verlusten, mit Leid und Tod für eine gute Begleitung von Kindern so wichtig? Warum sollte man sich den Kopf darüber zerbrechen, wie man dem Tod gegenübersteht, wie und ob man sich ein »Danach« vorstellt und wie man auf Leid anderer reagiert? Ein wichtiger Grund liegt darin, dass Kinder Bezugspersonen brauchen, die sich mit ihrem ganzen Gefühlsreichtum auf sie einlassen. Sie brauchen weniger Menschen, die alles wissen und ihnen auf jede Frage eine »brauchbare« Antwort geben können, sondern vielmehr Erwachsene, die sich mit ihrem ganzen Erfahrungs- und Gefühlsschatz bereithalten für ehrliche Begegnungen. Und dafür ist es gut und wichtig, auch jene Erfahrungen und Gefühle mit aufzunehmen, die mit Abschied, Krankheit, Verfall, Leid, Verlust, Trennung, Zerstörung oder Tod verbunden sind. Die Auseinandersetzung mit diesen schweren Lebensthemen im Allgemeinen und mit den persönlichen Schicksalsschlägen im Besonderen kann zu einer Reife und inneren Gelassenheit führen, die für jede Begleitung hilfreich ist. Für Kinder sind erwachsene Menschen wichtig, die bereit sind, ihre innere Schatzkiste zu öffnen und so in der Lage sind, kindliche Gefühle zu erspüren, kindliche Gedanken zu verstehen und kindliche Fragen sanktionsfrei so anzunehmen, wie sie kommen.

Kinder haben eine hohe Sensibilität, und sie spüren sehr schnell, was Erwachsene in ihrem Herzen tragen. Sie haben die Fähigkeit, bis auf den Grund der Seele ihrer Mitmenschen zu schauen, und erkennen mit Windeseile, ob Erwachsene selbst Panik und Angst haben, ob sie über ein bestimmtes Thema nicht reden wollen oder ob sie ihre Fragen nicht ernst nehmen. Manche Kinder spüren sehr genau, wenn ihre Eltern nicht über notwendige Abschiede, über bevorstehende Trennungen, über Sterben, Leid und Tod sprechen wollen – oder können. Sie scheinen feine Antennen dafür zu haben, was sich in den Köpfen und Herzen ihrer Eltern und anderer erwachsener Freunde abspielt. Die Erklärungen, die sie sich dafür dann zusammenbasteln, werden in aller Regel von den eigenen Vorstellungen, Befürchtungen oder Ängsten bestimmt. Da können Gedanken auftauchen wie:

- *»Wenn die Großen nicht mit mir darüber reden, dann muss das was ganz Schreckliches sein ... – das macht mir Angst.«*
- *»Das ist alles so gekommen, weil ich böse Gedanken habe.«*
- *»Wenn die Großen so komisch sind, dann wird bald was Schlimmes passieren.«*

Um zu verhindern, dass Kinder mit ihren Fragen und Sorgen allein gelassen und so ein Stück weit verunsichert werden und Angst bekommen, müssen Eltern und andere Begleiter bereit sein, in ihrem eigenen Inneren zwischen der Sonnenseite und der Schattenseite des Lebens Brücken zu bauen. Wer Kindern ein guter Begleiter in heiklen Fragen sein will, sollte bemüht sein, sich mit seiner eigenen Geschichte zu beschäftigen und sich bewusst zu werden, welchen Bezug er zu dem großen Themenkomplex Vergänglichkeit herstellen kann. Auf der Entdeckungsreise in die eigene Vergangenheit wird man vielleicht weit in die eigene Kindheit vorstoßen und an Ereignisse erinnert, die schwierig zu verkraften waren. Man kann vielleicht entdecken, welche Ereignisse in der Vergangenheit Weichen für das Tun und Denken in der Gegenwart gestellt haben und welche Menschen einem selbst Stütze, Halt und Orientierung gaben – und wie sie das zustandebrachten. Am Ende dieser Entdeckungsreise wird man den einen oder anderen inneren Schatz gefunden haben, den man dann wiederum den eigenen oder den anvertrauten Kindern weitergeben kann. Nur wer bereit ist, sich auf die Suche nach sehr persönlichen Antworten auf zentrale Lebensfragen zu begeben, wird Kindern in Situationen der Trauer wirklich helfen können.

Manche meinen vielleicht, dass »der Zug schon längst abgefahren« und ein »Nacharbeiten« früherer Erfahrungen unmöglich sei. Sie verstecken sich resigniert hinter Floskeln, Ausreden, Vertröstungen und spüren meistens doch selbst ganz genau, dass dies nicht der richtige Weg ist, dem Thema Abschied, Vergänglichkeit und Tod und den dadurch ausgelösten Ängsten zu begegnen. Bei manchen Menschen führt ein konsequent betriebenes Wegschauen und Ausblenden von Abschieds-, Trauer- oder Verlusterfahrungen zu seelischen Schwierigkeiten bis hin zu körperlichen Beschwerden. Durch dieses Ausblenden berauben sie sich selbst der Chance, alle Gefühlsanteile in sich zu entwickeln und ihren inneren Schatz zu heben. Doch für die Pflege der inneren Schatzkiste – und das tut man beim Innehalten und Zurückschauen – ist es nie zu spät. Auch wenn viele Situationen, in denen man nicht in der Lage war, genauer hinzusehen, vorbei sind, kann man sie dennoch nachbearbeiten. Dadurch wird eine Standortbestimmung erleichtert und der Zugang zu den oftmals verschütteten Quellen eigener Kraft, Kreativität und Spiritualität gefunden.

Oft können schon kleine Impulse helfen, sich auf die Suche nach weggeschobenen Gefühlen zu machen oder Raum dafür zu schaffen, noch nicht geweinte Tränen fließen zu lassen. Es kann auch durchaus beglückend und bereichernd sein, sich bewusst zu werden, was man bewältigt hat, wie einem geholfen wurde oder welche Hürden man überwunden hat. Auch können vor dem Hintergrund der dunklen Erfahrungen die positiven Erlebnisse deutlicher hervortreten und sich akzentuieren. Darauf verweisen nicht nur Therapeuten, sondern auch Philosophen und Dichter, wie beispielsweise ein Text von Rainer Maria Rilke zeigt:

»Möge das Leben Ihnen aufgehen, Tür um Tür; mögen Sie in sich die Fähigkeit finden, ihm zu vertrauen, und den Mut, gerade dem Schweren das meiste Vertrauen zu geben [...].«

Und weiter:

»Was von uns verlangt wird, ist, dass wir das Schwere lieben und mit dem Schweren umgehen lernen. Im Schweren sind die freundlichen Kräfte, die Hände, die an uns arbeiten. Mitten im Schweren sollen wir unsere Freuden haben, unser Glück, unsere Träume: da, vor der Tiefe dieses Hintergrunds, heben sie sich ab, da sehen wir erst, wie schön sie sind. Und nur im Dunkel der Schwere hat unser kostbares Lächeln einen Sinn; da leuchtet es erst mit seinem tiefen, träumenden Licht, und in der Helligkeit, die es für einen Augenblick verbreitet, sehen wir die Wunder und Schätze, von denen wir umgeben sind.«[15]

Anregungen für eine persönliche Auseinandersetzung

Die nachfolgenden Anregungen sollen eine persönliche Auseinandersetzung mit dem Thema Vergänglichkeit im weitesten Sinne erleichtern. Sie liefern Denkanstöße und können auch als Gesprächs- oder Diskussionsgrundlage mit anderen Familienmitgliedern, Freunden oder Kollegen dienen. In etwas abgewandelter Form lässt sich der eine oder andere Impuls gut für eine Bearbeitung des Themas mit älteren Kindern und Jugendlichen in der Schule einsetzen.

Die persönliche Verlustgeschichte

Jeder Mensch hat einen eigenen Zugang zu seinen Erinnerungen. Der eine erinnert sich leicht und mühelos an alle Ereignisse, die mit Geräuschen oder intensiven Düften verbunden sind, der andere folgt gleichsam einer inneren Stimmenspur, die ihm von längst vergangenen Tagen zu erzählen scheint. Auch wird der Weg zurück in die eigene Geschichte jeweils von einem bestimmten Interesse getragen und gleichsam unter ein »Thema« gestellt, wobei der Impuls zu einer sogenannten Erinnerungsarbeit entweder aus einem inneren Bedürfnis heraus entstehen kann oder von außen herangetragen wird, wie in der nachfolgenden Anleitung:

Versuchen Sie, in Gedanken in Ihre Kinderzeit zurückzugehen, und überlegen Sie, wann Sie zum ersten Mal mit einem schmerzlichen Verlust konfrontiert waren und an welche Situationen Sie sich noch erinnern. Der aufgezeichnete Bogen soll die Lebensspanne zwischen Geburt und Tod darstellen. Sie können an Hand dieses Bogens die einzelnen Ereignisse in Form einer Chronologie einzeichnen.

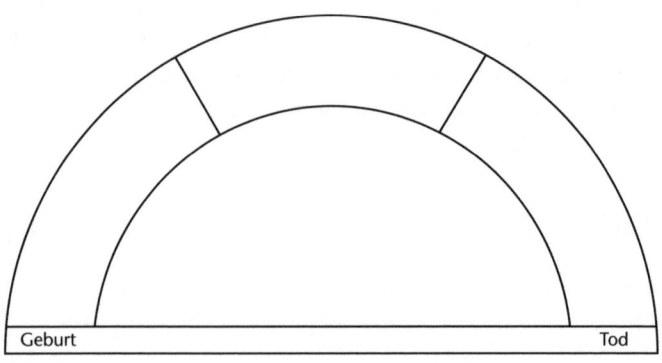

Abbildung 25: Der Lebensbogen

Die nachfolgenden Fragen können bei den Überlegungen zu den jeweiligen Verlustsituationen vielleicht hilfreich sein:

112

Um welchen Verlust/Abschied handelt es sich jeweils?

Ist es ein Abschied von geliebten Menschen, von Freunden, von einer Lebensphase, vom Elternhaus, von einer bestimmten »Rolle«, von Tieren, von einer Arbeitsstelle, von liebgewordenen Plätzen, Städten, Landschaften, von Gegenständen, Lebens- oder Berufsträumen, von Ideen und Idealen ...?

Wie war die Situation?

• Gab es Vorahnungen, Vorankündigungen oder Hinweise auf den bevorstehenden Verlust? Oder kam alles ganz plötzlich und unerwartet?
• Welche Erinnerungen tauchen im Zusammenhang mit diesem Erlebnis in Ihnen auf? Was haben Sie damals gefühlt, gedacht und getan?
• Wie hat Ihre Umwelt reagiert, wie ist man mit Ihnen umgegangen?
• Was war für Sie hilfreich?
• Was war weniger gut und was hätten Sie in der jeweiligen Situation gebraucht?

Welche Reaktionen kennen Sie im Zusammenhang mit
Verlustsituationen?

Unterstreichen Sie jene körperlichen Empfindungen, Gedanken und Gefühle, die Sie selbst im Zusammenhang mit Verlustsituationen erlebt haben. Vielleicht können Sie bestimmte Reaktionen bestimmten Erfahrungen zuordnen.

Leere * Rastlosigkeit * Schock * Schweißausbrüche * Atemnot * Übelkeit * Kälte * Wut * Stimmungsschwankungen * Interesselosigkeit * Hass * verändertes Zeitgefühl * Desinteresse * Schmerz * Sehnsucht * Panik * Flucht * Herzrasen * Schlafstörungen * Appetitlosigkeit * Kopfschmerzen * Verzweiflung * Reizbarkeit * Schwere * Liebe * Einsamkeit * Beklemmungsgefühle * Überempfindlichkeit * Suchen * Fremdsein * Verwirrung * Schuldgefühle * Dankbarkeit * Müdigkeit * Konzentrationsprobleme * Schwäche * Hilflosigkeit
Bei mir tauchte zusätzlich noch auf: ...

Welche Auswirkungen haben sich für Sie aus bestimmten Verlustsituationen ergeben?

- Schwierigkeiten bei der Bewältigung des Alltags: ...
- Verunsicherung: ...
- Veränderungen im sozialen Gefüge: ...
- Notwendige Neuorientierungen: ...
- Erleben von Nähe angesichts von Trauer: ...
- Möglichkeit, neue Wege zu wagen: ...
- ...

Erfahrungen in der Herkunftsfamilie

Die Art und Weise, wie wir als erwachsene Menschen über bestimmte Themen denken, wie wir handeln und welche Wünsche und Vorstellungen wir an unsere Mitmenschen und ans Leben insgesamt haben, hängt zu einem guten Teil von den Erfahrungen in der Herkunftsfamilie ab. In Übereinstimmung oder im Unterschied zu dem, was wir dort erlebt, erfahren und gelernt haben, bildet sich das persönliche Welt- und Menschenbild heraus. Wenn auch noch viele Menschen und Situationen darauf einwirken, so bleiben die ersten Erfahrungen im Kreis der Familie doch wesentlich und kommen oftmals gerade dann wieder verstärkt ins Bewusstsein, wenn Kinder in das eigene Leben treten und einen wiederum in Kontakt mit der eigenen Kindheit bringen. Nachfolgende Fragen sollen Denkanstöße liefern:

Wie wurde in Ihrer Herkunftsfamilie mit Sterben und Tod umgegangen?

- Welche Verlusterfahrungen haben die eigene Kindheit geprägt und welche Menschen spielten dabei eine Rolle?
- Wurde in Ihrer Familie offen über den Tod gesprochen und wenn ja, in welcher Form wurde darüber gesprochen?
- Welche Vorstellungen, inneren Bilder, Interpretationen wurden zur Bewältigung angeboten?
- Welche Rolle spielte der Glaube bzw. die Spiritualität?
- Wie haben die Menschen im Umfeld der eigenen Kindheit auf Fragen über Sterben und Tod reagiert?
- Gab es Antworten und wenn ja, welche?
- War es möglich, Trauer auszudrücken, zu weinen, zu klagen?
- Welche Worte und Aussagen waren für sie wichtig, um eine Vor-

stellung von Leben und Sterben, von Tod und Vergänglichkeit zu entwickeln? Welche Personen waren da bestimmend?
- Gab es gemeinsame Friedhofbesuche? Zu welchen Anlässen wurde das Familiengrab besucht? Wer aus der Familie hat die Grabpflege übernommen?

Aktuelle Einstellung

Die augenblickliche Haltung und Einstellung gegenüber den Fragen des Lebens und Sterbens steht an der Schnittstelle von Vergangenheit, Gegenwart und Zukunft. Erfahrungen von Gestern wirken noch lange nach und beeinflussen das Heute. Doch auch Hoffnungen, Ängste und Sehnsüchte, die in die Zukunft gerichtet sind, wirken sich auf Handeln, Denken und Fühlen in der Gegenwart aus. Es lohnt sich, einmal innezuhalten und dem »Stirb und Werde« im eigenen Lebensgefüge nachzuspüren. Anhand der nachfolgenden Fragen können Sie sich über bestimmte Aspekte ihrer aktuellen Lebenseinstellung bewusst werden, die im Zusammenhang mit Abschied, Vergänglichkeit, Sterben und Tod von Bedeutung sind.

Was bedeutet für Sie Tod und Sterben?
- Wie haben sich die Vorstellungen über Sterben und Tod im Laufe Ihrer Lebensgeschichte verändert und wodurch ergaben sich diese Änderungen?
- Welche Ereignisse rund um den Tod sind als innere Bilder vorhanden und welche Gefühle lösen diese aus?
- Was bedeutet der Tod für Sie im gegenwärtigen Lebensabschnitt?
- Was macht Ihnen noch immer Angst, wenn Abschied, Sterben, Tod und Trauer das eigene Leben streifen?
- Wie möchten Sie Ihre eigene Sterbestunde erleben? Welche Wünsche haben Sie?

Welchem Motto zum Thema Vergänglichkeit würden Sie am ehesten zustimmen?
- »Leben bis wir Abschied nehmen.« (Elisabeth Kübler-Ross)
- »Unser Leben – ein ständiges Abschiednehmen.« (Jorgos Canacakis)

- »Sterben ereignet sich im Leben. Wenn einer lebt, stirbt ständig etwas in ihm. Wenn einer stirbt, lebt er immer noch.« (Paul Becker)
- »Es kommt nicht darauf an, dem Leben mehr Jahre zu geben, sondern den Jahren mehr Leben.« (Elisabeth Kübler-Ross)
- »Des Lebens Ruf an uns wird niemals enden. Wohlan denn, Herz, nimm Abschied und gesunde.« (Hermann Hesse)
- Oder Sie machen sich auf die Suche nach einem anderen Motto, das Ihre persönliche Einstellung zum Thema Vergänglichkeit gut ausdrückt.

Es gibt viele verschiedene Wege, die schließlich zu einer persönlichen Stellungnahme, zu einer Standortbestimmung und Überprüfung der eigenen Haltung, Einstellung und Wertorientierung führen. Für manche sind Bilder in ihrem Symbolgehalt hilfreicher als der nüchterne Zugang, sich über Jahreszahlen und Fakten der Thematik zu nähern. Andere wiederum finden ihre Gedanken in Texten wieder oder können Geschriebenes als Ausgangspunkt ihrer eigenen Ideen nehmen. Einige Beispiele sollen diesen Zugang verdeutlichen. Sie können auch als Anregungen verstanden werden, sich selbst auf die Suche nach entsprechenden Bildern oder Texten zu machen.

Textbeispiele

Was werden wir sein

Was werden wir sein
In hundert Jahren?
Der Erde vermählt und Gott anvertraut,
zwei Hände voll zärtlichem Staub.

Christine Busta[16]

Lieder auf der Flucht: XIV

Wart meinen Tod ab und dann hör mich wieder,
es kippt der Schneekorb, und das Wasser singt,
in die Toledo münden alle Töne, es taut,
ein Wohlklang schmilzt das Eis.
O großes Tauen!
Erwart dir viel!

Silben im Oleander,
Wort im Akaziengrün
Kaskaden aus der Wand.

Die Becken füllt
hell und bewegt,
Musik.

Ingeborg Bachmann[17]

Aber ich weiß

War ich ein Falter
vor meiner Geburt
ein Baum oder
ein Stern

Ich habe es vergessen

Aber ich weiß
daß ich war
und sein werde

Augenblicke
aus Ewigkeit

Rose Ausländer[18]

Schlußstück

Der Tod ist groß.
Wir sind die Seinen
lachenden Munds.
Wenn wir uns mitten im Leben meinen,
wagt er zu weinen
mitten in uns.

Rainer Maria Rilke[19]

Die Ältesten sagen

Die Ältesten sagen: Es gibt eine Zeit, um geboren zu werden; eine
Zeit, um zu lernen, um geliebt zu werden.
Und dann, sagen die Ältesten: Es gibt eine Zeit, um sich zu verhei-
raten; eine Zeit, um Kinder zu haben; eine Zeit, um Kinder zu erzie-
hen und sich an ihnen zu erfreuen.
Und dann, sagen die Ältesten: Es gibt eine Zeit, um ein erfülltes
Leben zu leben; eine Zeit, um alt zu sein; eine Zeit, um umsorgt zu
werden; eine Zeit, um sich an den Enkelkindern zu erfreuen – näm-
lich dann, wenn man seinen Teil zum Leben beigetragen hat.
Und dann, sagen die Ältesten, gibt es eine Zeit, um zu sterben.
Und dies sind die vier Lebenspfade. Jeder von uns wird sie gehen.
Dies sind die Pläne für das Leben hier auf dieser Erde.
Und diese Dinge sind heilig.

Alvin Dashee[20]

Anregungen zu persönlichen Texten

Versuchen Sie, einem alten Menschen einen Brief zu schreiben oder gedanklich in ein Gespräch einzutauchen, der Folgendes sagt:

»Wenn ich noch einmal zu leben hätte, dann würde ich mehr Fehler machen;
ich würde versuchen, nicht so schrecklich perfekt sein zu wollen;
dann würde ich mich mehr entspannen und vieles nicht mehr so ernst nehmen;
dann wäre ich ausgelassener und verrückter, ich würde mir nicht mehr so viele Sorgen machen um mein Ansehen;
dann würde ich mehr reisen und mehr Berge besteigen, mehr Flüsse durchschwimmen und mehr Sonnenuntergänge beobachten;
dann würde ich mehr Eiscreme essen;
dann hätte ich mehr wirkliche Schwierigkeiten als nur eingebildete;
dann würde ich früher im Frühjahr und später im Herbst barfuß gehen;
dann würde ich mehr Blumen riechen, mehr Kinder umarmen und mehr Menschen sagen, dass ich sie liebe.
Wenn ich noch einmal zu leben hätte, aber ich habe es nicht…«

Nehmen Sie sich ein bisschen Zeit und überlegen Sie, wie sie die folgenden Sätze zu Ende führen möchten:
* »Leben bedeutet für mich …«
* »Sterben ist für mich wie …«
* »Trauer ist für mich wie …«
* »Wenn ich an mein Sterben denke, habe ich Angst vor …«

Bildbeispiele

Die Sprache der Bilder bietet viele Möglichkeiten, sich mit der Endlichkeit auseinanderzusetzen und eine kleine persönliche Standortbestimmung vorzunehmen. Abgesehen von Darstellungen im Bereich der bildenden Kunst – z. B. der Tod als Sensenmann, Totentanzdarstellungen, trauernde Menschen – sind es oft Fotos vom Wandel der Natur,

Abbildung 27: Der Wandel der Natur

die nicht nur Erwachsenen den ewigen Kreislauf von Werden und Vergehen bewusst machen können, sondern auch eine gute Möglichkeit bieten, Kinder und Jugendliche an das Thema Vergänglichkeit heranzuführen und ihre Wahrnehmung zu schärfen.

Abschließend sei nochmals auf jene drei Aspekte hingewiesen, die dazu beitragen, dass Eltern und Erzieher Kindern in ihrer Auseinandersetzung mit Abschied, Trennung, Verlust und Tod eine hilfreiche Stütze sein können. Es handelt sich dabei um die Fähigkeit, sich auf die Welt der Kinder einzulassen, sich in ihre Sprach- und Denkwelt einzufühlen und bereit zu sein, nach den jeweils passenden Worten und Handlungen zu suchen. Auch das Wissen über die Art und Weise, wie Kinder fühlen und denken, wie die seelischen Prozesse der Betroffenheit, Bestürzung und Trauer ablaufen und welche Bedeutung Sterben und Tod in einem bestimmten Alter haben, ist ein wichtiger Baustein. Schließlich kann die Bereitschaft, sich selbst intensiv mit den Dingen des Lebens in seiner ganzen Bandbreite auseinanderzusetzen und seine eigene Kindheit lebendig werden zu lassen, nicht nur die Begleitung trauernder Kinder bereichern, sondern auch die eigene Sichtweise positiv verändern.

Bausteine einer unterstützenden Begleitung:
• Einfühlungsvermögen,
• Informiertheit/Wissen,
• persönliche Auseinandersetzung.

---

2. Bausteine für eine vertrauensvolle Beziehung

Jede Erfahrung von Abschied oder Trennung löst bei Kindern Trauergefühle aus, auch wenn sie manchmal kaum zu bemerken sind, auch wenn das Lachen immer wieder durch den Tränenschleier hindurchdringt, auch wenn das bunte Kinderleben das Grau der Trauerlandschaften immer wieder aufbricht. Für Erwachsene sind die Reaktionen der Kinder oft schwer zu verstehen. Da jammert und klagt die fünfjährige Birgit über einen Lieblingspullover, den sie in einem Ferienlager liegenließ, während sie beim Tod der Oma wenig berührt scheint. Da ist der zehnjährige Tobias nach dem Tod seines Patenonkels, der in einer weit entfernten Stadt lebte und den er kaum kannte, kaum zu beruhigen, während er das Verschwinden seines heiß geliebten Hundes scheinbar wenig berührt rasch wegsteckt. Kindertrauer geht ihre eigenen Wege! Wie bereits ausführlich dargestellt wurde, ist das Alter der Kinder einer der vielen Gründe, warum Reaktionen und Verhaltensweisen so unterschiedlich sein können (vgl. Teil I, S. 25 ff.). Ein anderer Aspekt ist das Beziehungsgeflecht, das dem Kind in unsicheren Zeiten Halt und Unterstützung anbieten kann. An dieser Stelle sei darauf hingewiesen, dass nicht jede Meldung über Leid, Krankheit oder Tod tief in die Welt der Kinder vordringen muss und dass nicht jeder Verlust, nicht jede Trennung zwangsläufig zu einer gravierenden Verunsicherung oder zu Gefühlen der Bedrohung führt. Je besser das Kind in eine Umwelt eingebettet ist, die ihm Sicherheit bietet und die Möglichkeit der aktiven Auseinandersetzung gibt, desto besser können belastende Gefühle aufgefangen werden. Welche Bausteine dazu beitragen, dass die Beziehung zwischen dem Kind und den Menschen seiner Umgebung zu tragfähigen Säulen in stürmischen Zeiten werden kann, werden im Folgenden ausgeführt.

Die Kinderwelt ernst nehmen

Die Welt der Kinder scheint für viele Erwachsene nach eigenen Gesetzen zu funktionieren und in gewisser Weise stimmt das auch. Warum das eine Kind kaum je traurig ist und mit Abschiedssituationen leicht umgehen kann, während das andere bei scheinbar nichtigen Anlässen in einem Tränensee zu versinken droht, ist nicht immer leicht zu verstehen. Persönliche Eigenschaften, der jeweils konkrete Entwicklungsstand, die Beziehung des Kindes zu den Menschen seiner Umgebung, soziale Aspekte und vieles andere werden als Erklärungsversuche herangezogen. Wie auch immer ein Kind auf Abschied, Trennung oder Tod in seinem Umfeld reagiert – es stellt sich für Eltern neben der Frage nach dem Warum besonders die Frage, wie sie helfen können. Dies ist vor allem dort von Bedeutung, wo Kinder auf Verlustsituationen mit sichtlicher Verwirrung reagieren.

Unterschiedlichste Trennungs- und Abschiedserfahrungen, seien sie direkt oder indirekt, können ein Kind tief in seinem Inneren sehr beunruhigen. Die Veränderungen im unmittelbaren sozialen Umfeld, Wortfetzen, »Halbgehörtes«, Eindrücke und Bilder von Menschen, die in ungewohnter Weise agieren, vermischen sich zu einem unentwirrbaren Durcheinander und schreiben ihre eigenen Geschichten in die Kinderseelen, deren Inhalt in aller Regel unverstanden bleibt. Dies alles löst Unsicherheit, Verwirrung oder Neugierde aus, kann zu unterschiedlichsten Reaktionen führen (vgl. Teil I, S. 32, 43, 50, 53) und eine Fülle an Fragen auslösen. Häufig tauchen diese Fragen aus dem Dunkel des Unverstandenen, Unbegreifbaren und Unfassbaren auf. Sie treten manchmal nur ganz zaghaft zutage und sind kaum zu erkennen. Dann wieder können sie heftig und direkt hervorbrechen und drängen sich mit aller Vehemenz in den Kinderalltag. In jedem Fall sind es Fragen, die gehört werden wollen. Manchmal lösen besondere Erlebnisse, spezielle Erfahrungen oder Berichte aber auch ein tiefes Verstummen aus. Die noch nicht voll ausgebildete Fähigkeit, den unterschiedlichsten Gefühlen angemessen zu begegnen oder mit der gebotenen Bilder- und Wortflut umgehen zu können, führt Kinder dann in eine immer tiefere Sprachlosigkeit hinein, aus der sie allein nur schwer herauskommen. Damit sind sie jedoch den äußeren und inneren Bildern hilflos ausgeliefert. Hier ist eine behutsame und geduldige Annäherung als erster Schritt notwendig, um den verschreckten oder verstörten Kindern aus der inneren Erstarrung – der ersten Trauerphase – herauszuhelfen. Wie kann man sich auf die unterschiedlichen Fragen der Kinder vorbereiten, wie kann man ihnen begegnen oder welche Möglichkeiten gibt es, das Eis des Schweigens zu brechen? Im Folgenden sollen einige Punkte ausgeführt werden, die den meis-

ten Eltern und Begleitern sicher bekannt sind, doch selten in Ruhe
bedacht werden.

Der Dreh- und Angelpunkt einer hilfreichen Begleitung von Kinderfragen ist ein bedingungsloses Ernst-Nehmen des Kindes, seiner
Gedanken- und Gefühlswelt und seiner Art, Dinge beim Namen zu
nennen.

Ernstnehmen heißt zuerst: hören.
Sich Zeit und Kraft nehmen
für eine möglicherweise
lange Geschichte.
Sie beginnt vielleicht
in glanzvoller Zeit
und führt in ungeahnte Tiefe.
Ernstnehmen heißt:
verzichten auf schnelle Urteile,
auf einfache Schablonen.
Ernstnehmen heißt:
dem anderen Denk-
und Gefühlsverläufe zugestehen,
die mir vielleicht fremd
oder unheimlich sind.

Walther Strohal[21]

In der konkreten Begleitung von Kindern bedeutet dieses Ernst-Nehmen zunächst einmal, dass man sich Zeit für die Kinder nimmt und
einen Rahmen schafft, in dem Vertrauen wachsen kann. In einer
immer stressigeren Welt wird allerdings Zeit zu einem kostbaren Gut,
mit dem man sehr achtsam umgehen muss. Eltern sind auf so vielfältige Weise als Zeitmanager gefordert, sie müssen viele Dinge unter
einen Hut bringen und sich aufs Wesentliche besinnen. Dies trifft auch
für LehrerInnen und andere PädagogInnen zu. Da kann es nur allzu
leicht geschehen, dass übersehen wird, wie wichtig es ist, sich immer
wieder eine Extraportion Zeit herauszunehmen, um Ohren, Augen
und Herz für Kinderfragen zu öffnen. In gewissem Sinn sind das sogenannte »Aus-Zeiten«, Zeiten, in denen man sich gemeinsam mit

dem Kind oder mit einer Gruppe von Kindern eine kleine Insel schafft und sich dem öffnet, was Kinderseelen beschäftigt. Wie kann so eine Insel aussehen?

Eine »Insel« kann sein:
- eine stille Ecke nur für uns,
- ein Deckenberg, in den wir uns vergraben und es uns gemütlich machen,
- ein Zelt im Garten.

Eine »Insel« kann sein:
- eine Bank im Park,
- ein Raum, in dem uns niemand stört,
- ein Sesselkreis.

Im Laufe eines Tages lässt sich sicherlich der eine oder andere Zeitsplitter finden, den man zu einer kleinen Insel werden lassen kann. Durch die Wahl eines bestimmten Ortes für die Begegnung schafft man jenen äußeren Rahmen, der es leichter macht, sich auf das Kind und seine Bedürfnisse zu konzentrieren. Auch werden unerwünschte Einflüsse und Ablenkungen verschiedenster Art eher ausgeschaltet. Aus objektiven »Fünf Minuten« können so kleine Juwele der Begegnung werden, in denen aus einer inneren Haltung der Gelassenheit und Fürsorge heraus Vertrauen wachsen kann. Kinder werden diese »Insel-Erlebnisse« manchmal nutzen, um intensiven Körperkontakt zu suchen und Nähe zu »tanken«, ein anderes Mal werden sie über Freunde und Erlebnisse erzählen oder mit Fragen herausrücken, die sie beschäftigen. Es ist gut und wichtig, den Kindern die Freiheit zu geben, selbst zu entscheiden, ob, wann und in welchem Tempo sie über Dinge sprechen wollen. Auch im pädagogischen Alltag von Kindergarten und Schule sollten sich für besondere Anlässe Raum und Zeit finden lassen, um Kindern die Chance zu geben, sich in einem geschützten Rahmen mit belastenden Situationen auseinanderzusetzen, Fragen zu stellen oder sich ihren Kummer von der Seele reden zu können.

Nicht jede Begegnung wird aus der Sicht der Erwachsenen »erfolgreich« sein. Es empfiehlt sich, ohne klare inhaltliche Zielvorstellung in diese Situationen hineinzugehen. Im Vordergrund soll ein »Ich schenke dir meine Zeit« stehen. Je drängender das Bedürfnis ist, Kinder rasch zum Reden zu bringen, desto eher wird man Gefahr laufen, dass sie sich zurückziehen. Ein rasches »Jetzt lass uns mal darüber reden, was dich so traurig macht!« führt wahrscheinlich ebenso wenig zu einem guten Gespräch über kindliche Nöte wie ein drängendes »Sag schon, was geht dir durch den Kopf, wenn du an deinen verstorbenen Opa denkst?«. Auch wenn das eigene Zeitbudget knapp ist und auf unser täglichen »Zeitscheibe« kaum Platz für Extragespräche zu sein scheint, sollte man seinen Umgang mit den Zeitressourcen überprüfen. Kinder werden dieses Bemühen spüren und zu schätzen wissen. Aus einem gedanklichen »Ich habe Zeit« kann ein »Ich nehme mir Zeit« werden, das schließlich zu einem »Ich schenke dir Zeit« und »Ich lasse dir die Zeit, die du brauchst« führt.

Beziehungspflege als Eckpfeiler jeder Begleitung

Aus der Begleitung von Menschen, die in unterschiedlichen krisenhaften Situationen sind, weiß man, dass der Aufbau einer vertrauensvollen Beziehung zwischen Betroffenen und deren Helfern von grundlegender Bedeutung ist. Bevor man darangeht, an der Lösung von Problemen zu arbeiten oder nach Antworten auf drängende Fragen zu suchen, muss eine Basis von Vertrauen geschaffen werden (vgl. Teil II, S. 99). Sie ist der Nährboden für alle weiteren Schritte. Dies gilt auch und in ganz besonderem Maße für die Begleitung von Kindern, unabhängig davon, ob dies zu Hause im Rahmen der Familie oder in verschiedenen Institutionen wie Kindergarten, Hort, Schule oder Freizeitgruppen geschieht. Die Pflege der Beziehung ist vor allen anderen konkreten Unterstützungen bei Abschied, Verlust, Krankheit, Trennung, Tod und Trauer wesentlich. Menschen sind erst dann in der Lage, Informationen, Unterstützung oder begleitende Gespräche anzunehmen, wenn die Beziehung zum »Helfer« zumindest neutral ist. Diese Erkenntnis aus der Kommunikationsforschung unterstreicht die Bedeutung der Beziehungs-»Arbeit« für eine hilfreiche emotionale Unterstützung in der Auseinandersetzung mit schwierigen Themen.

Bei allen Bemühungen um den Aufbau einer vertrauensvollen Beziehung müssen Kinder in erster Linie erleben können, dass Erwachsene mit Körper, Geist und Seele bei ihnen sind, dass sie *da* sind. Sie müssen erfahren können, dass man sie nicht wegschiebt oder vertröstet. Sie müssen spüren, dass man sich ihrer Gedanken und Gefühle wirklich annehmen will. Dabei spielen Worte und Gesten eine große Rolle. Bei allen Botschaften, die zwischen Menschen ausgetauscht werden, hat das gesprochene Wort zwar eine wichtige, aber nicht die überragende Bedeutung, wie man zunächst annehmen möchte. Viel wichtiger ist der gesamte sogenannte nonverbale – also nicht-sprachliche – Teil der Kommunikation.

Abbildung 29: Verbale und nonverbale Anteile der Kommunikation

Ob Kinder sich akzeptiert und angenommen fühlen, wird weniger durch die Wahl der Worte bestimmt als vielmehr durch deren »Hof« und die begleitende Körpersprache. Es ist der Klang der Stimme, der beruhigt oder ängstigt. Es sind die vielen Zwischen- und Nebentöne, die mitschwingen und Ruhe oder Unsicherheit vermitteln. Und es sind die begleitenden Blicke, die Körperhaltung und die ganze Bandbreite an Gesten, die die persönliche Einstellung zum Gesagten verdeutlicht, unterstreicht oder eben relativiert. Je jünger Kinder sind, desto stärker achten sie auf den »Wort-Hof«. Besonders sensibel sind sie für ein Auseinanderklaffen von sprachlichen und nicht-sprachlichen Botschaften. Dies führt häufig zu einer Verunsicherung, kann Unruhe auslösen und schafft eine unangenehme Atmosphäre.

Immer dann, wenn sich das »Was« einer Aussage von dem »Wie« unterscheidet, schenken Menschen dem »Wie« eher Glauben. So sind beispielsweise ein kühler Ausdruck im Gesicht, ein strenger Tonfall und eine abweisende Körperhaltung für Kinder viel »wirklicher« als die begleitenden Worte: »Du musst keine Angst haben, ich verstehe dich.« Oder: »Ich bin doch bei dir!« Persönliche Einstellungen, Glaubenssätze, Meinungen, tiefliegende Überzeugungen, Verunsicherungen, Ängste ... – dies und noch vieles mehr kann hinter Worten versteckt werden. Doch in der Körpersprache zeigt sich der wahre Kern. Kinder haben dafür ganz besondere Antennen. Und so geht es in der Begleitung von Kindern, die mit belastenden Informationen oder Situationen konfrontiert sind, besonders auch darum, authentisch – echt – zu sein.

»Darüber reden« – hilfreiche Gespräche

Eine persönliche Auseinandersetzung mit existenziellen Fragen im Allgemeinen und mit den jeweils zu bewältigenden Themen im Speziellen hilft den Erwachsenen, sich im Vorfeld eines Gesprächs über die eigenen Einstellungen und Überzeugungen klar zu werden. Dadurch wird ein ehrlicher Umgang in der Gesprächssituation mit Kindern erleichtert. Und diese Ehrlichkeit gibt Kindern das Gefühl, Erwachsenen trauen zu können. Das löst nicht immer angesprochene Probleme oder bringt die erhofften Antworten auf drängende Fragen, doch schafft es eine Vertrauensbasis, die selbst wiederum ein Stück Sicherheit vermitteln kann.

Man signalisiert damit:
- *Ich bin auch unsicher – aber ich bin an deiner Seite!*
- *Ich weiß auch keine Antwort – aber wir überlegen gemeinsam!*
- *Ich finde das auch alles schrecklich – aber ich lasse dich nicht allein!*

Alle Gespräche mit Kindern über schwierige oder belastende Situationen sollen als Angebote verstanden werden und mit keinerlei Druck oder Drängen verbunden sein. Die Fragen »Wie ist das für dich ...?« oder »Wie siehst du das ...?« können beispielsweise signalisieren, dass man sich für die Sichtweise des Kindes interessiert. Und darum geht es in erster Linie: Kinder sollen hinter allen Aktivitäten der Erwachsenen das echte Bemühen spüren, ihre Welt, ihre Gefühle und Gedanken zu verstehen und ihre innere Bilderwelt ernst zu nehmen. Das setzt Toleranz und die Bereitschaft voraus, Kinder als gleichwertig anzusehen. In einer Atmosphäre der Geborgenheit, in der Kinder sicher sein können, nicht ausgelacht zu werden, wird ein »lautes Denken« über das, was ihnen durch den Kopf geht, erleichtert. So können auch Ängste leichter benannt werden, aufkeimende Fragen Gestalt annehmen und bedrohliche innere Bilder nach außen gebracht werden. Damit ein Gespräch gelingen kann, gibt es einige Punkte, die zu beachten sind. Voraussetzungen für ein hilfreiches Gespräch sind folgende Punkte:

> • Wertschätzung,
> • Zuwendung,
> • Interesse,
> • Zeit,
> • Geduld,
> • Zuversicht,
> • Fürsorge.

Gespräche tragen dazu bei, dass sich Kinder in ihrem Erleben ernst genommen fühlen. Bereits die kleinen Trennungen und Abschiede, die in jedem Kinderalltag in der einen oder anderen Weise vorkommen, sind leichter zu verkraften, wenn das Kind einen Menschen hat, dem es sich anvertrauen kann. Es ist hilfreich, wenn jemand das Jammern und Klagen anhört und Verständnis dafür aufbringt, dass es beispielsweise schmerzhaft ist, wenn das Lieblingskuscheltier nicht aufzufinden ist; die Erzieherin ihre Gruppe abgibt, weil sie ein Baby erwartet; die Hauskatze von einem Nachtausflug nicht mehr zurückkommt oder die große Schwester in eine andere Stadt übersiedelt ... Gespräche schaffen auch jenen Raum, in dem Fragen Platz haben. Besonders bei außergewöhnlich belastenden Erfahrungen und bedrohlich erlebten Situationen wie etwa der Trennung von einem geliebten und vertrauten Menschen tauchen bei Kindern viele Fragen auf, angefangen vom Wo, Wann und Wie bis hin zu der brennenden Frage nach einem Warum. Erwachsene scheuen sich oft, heikle Dinge anzusprechen, und sind eher froh, wenn belastende Informationen scheinbar ohne große Nachwirkung zur Kenntnis genommen werden. Doch es ist wichtig, »darüber zu reden«, weil es Raum schafft für seelische Entlastung. Sehr oft fühlen sich Kinder schon dadurch erleichtert, dass sie einfach noch einmal erzählen können, was sie gesehen oder gehört haben. In vielen Fällen hat allein schon dieses Aussprechen eine ordnende und beruhigende Wirkung. Durch ein An- und Aussprechen belastender Gedanken, Erlebnisse oder Eindrücke kann oftmals verhindert werden, dass sich die Schreckensbilder in all ihrer Wucht im Inneren festsetzen und in Verbindung mit der kindlichen Fantasie und dem jeweils altersbedingten Zugang zur Welt (vgl. Teil I, S. 25 ff.) ein Eigenleben beginnen.

Kinder sollten dabei unterstützt werden, Fragen zu stellen – auch wenn es vielleicht keine ausreichenden Antworten geben wird. Sie sollen erfahren, dass auch Erwachsene nicht immer alle Fragen beantworten können, dass sie aber bereit sind, gemeinsam nach Antworten zu suchen oder zu lernen, bestimmte Situationen unbeantwortet stehenzulassen. Dabei ist es nicht wichtig, ob es sich aus der Sicht der Erwachsenen um wenig bedeutsame Trennungssituationen oder Abschiede handelt – wichtig ist die Bedeutung, die ein Ereignis für das Kind hat. Auch wenn Erwachsene meinen, eine passende und altersgemäße Antwort auf eine Kinderfrage parat zu haben, lohnt es sich, behutsam nachzufragen, wie das Kind denkt. Man kann z. B. nachfragen: »Wie stellst du dir das vor?«, »Was glaubst du?« oder dazu einladen, etwas genauer zu formulieren, etwa »Wie meinst du das genau?«. Durch dieses Nachfragen bekommt man eher einen Einblick, wo das Kind steht, und kann leichter zu einer passenden Antwort kommen. Wichtig ist es auch, sich von den Fragen der Kinder leiten zu lassen und nur auf das zu antworten, was tatsächlich gefragt wird. Auch sollte man sich selbst treu bleiben und dem Kind nichts vormachen. Dies setzt ein gewisses Maß an Selbstreflexion und eigener Standortbestimmung voraus. Darüber hinaus kann man nach Formulierungen suchen, die dem Kind zeigen, dass es auch noch andere Meinungen und Standpunkte gibt, wie es häufig im Zusammenhang mit religiösen Fragen und Fragen nach dem Warum von Sterben und Tod, schwerwiegenden Trennungen und Abschieden vorkommt. In jedem Fall sollte sowohl zu Hause als auch in Institutionen wie Kindergarten oder Schule ein Rahmen geschaffen werden, in dem Kinder eingeladen werden, sich miteinander und mit Erwachsenen über das auszutauschen, was sie beschäftigt und ihnen durch den Kopf geht. Ein »Dafür bist du noch zu klein« darf in der Begegnung mit Kindern keinen Platz haben!

Gespräche können auf verschiedene Art und Weise hilfreich sein und Kinder auf ihrem Weg des Trauerns positiv unterstützen. Konkret bedeutet das:

- Gespräche ermöglichen eine Entlastung schwieriger seelischer Situationen durch Miteinander-Teilen.
- Gespräche machen ein Verarbeiten sogenannter negativer Gefühle wie Trauer, Wut, Angst oder Verzweiflung möglich.
- Gespräche können Respekt, Angenommenwerden und Wertschätzung vermitteln.
- Gespräche helfen, konfliktbeladene Situationen zu bewältigen und nach Auswegen zu suchen.
- Gespräche stärken das Wir-Gefühl und leisten einen Beitrag gegen Isolation und Einsamkeit.

Hilfreiche Geschichten – Kinderbücher und Märchen

Manchmal ist es schwer, mit Kindern direkt ins Gespräch zu kommen. Zum einen meinen viele Erwachsene, nicht die richtigen Worte zu finden, zum anderen fehlen den Kindern selbst oft passende Ausdrücke, die ihren Gefühlen und Gedanken entsprechen. Hier stellen Bilderbücher eine gute Möglichkeit dar, die Sprachlosigkeit zu überwinden und sich gemeinsam an schwierige Themenbereiche heranzutasten. Im Gegensatz zu den »flüchtigen« Fernsehbildern ermöglicht das Bilderbuch und das illustrierte Geschichtenbuch eine sehr persönliche Auseinandersetzung, die sich sowohl am individuellen Tempo des Kindes als auch an den Bedürfnissen orientiert, manche Sequenzen in einem ständigen Zurück- und Vorblättern immer wieder anzuschauen. Neben den Texten, die dem einen oder anderen kindlichen Gefühl auch einen Namen verleihen können, sind es vor allem die Bilder in Form und Farbe, die eine seelische Bearbeitung erleichtern. Schließlich schafft das gemeinsame Anschauen oder das Vorlesen der Bücher eine Atmosphäre der Nähe und Geborgenheit, die für Kinder eine ganz entscheidende »Seelennahrung« sind.

Bilderbücher

Im folgenden Abschnitt werden einige Bilderbücher vorgestellt, in denen schwerpunktmäßig Sterben, Tod und Trauer aus der Sicht der Autorin kindgerecht und grafisch ansprechend behandelt werden. Auf Altersangaben wird bewusst verzichtet (vgl. auch S. 152). Einige der Bücher wurden von der Studien- und Beratungsstelle für Kinder und Jugendliteratur STUBE in Wien besprochen (www.stube.at) sowie von Mitarbeiterinnen von Rainbows (www.rainbows.at). An dieser Stelle ein herzliches Danke an das STUBE-Team und das Team von Rainbows für die Zusammenarbeit!

Max Velthuijs: »Was ist das?«, fragt der Frosch[22]

»›Ihr ganzes Leben lang hat sie so schön für uns gesungen‹, sagte der Hase. ›Nun hat sie ihre Ruhe verdient.‹«

In der Bilderbuchserie rund um den Frosch und seine Freunde entdeckt Frosch diesmal eine tote Amsel. Nach anfänglichen Spekulationen, was denn mit der Amsel passiert ist, erklärt der Hase den Freunden: »*Alles stirbt einmal.*« »*Wir auch?*« fragte der Frosch. »*Ja, wenn wir alt sind*«, sagte der Hase. Daraufhin bereiten die Freunde eine letzte Ruhestätte samt Blumen und einem angedeuteten Grabstein. Der bewusste Abschied hilft ihnen, rasch wieder zu ihrem Alltag und ihrer Lebensfreude zurückzukehren: »*Ist das Leben nicht wunderschön?!*« Mit dieser Erkenntnis wird der Zyklus von Tod und Leben auf entlastende Weise geschlossen. Früheste Fragen von Kindern finden im einfachen Text und in den vertrauten Bildern ihre Antworten.

Dolf Verroen: Ein Himmel für den kleinen Bären[23]

»Und er ging fort, um den Bärenhimmel zu suchen.«

Plötzlich liegt Opa Bär tot in der Höhle. Der kleine Bär ist traurig, und die Mutter versucht, ihm das Unerklärliche zu erklären: *»Opa war alt und müde«* sagt sie. *»Jetzt ist er im Bärenhimmel, wo alle Bären glücklich sind.«* Also macht sich der kleine Bär auf die Suche nach dem Bärenhimmel. Wo ist dieser Bärenhimmel, in dem Opa jetzt ist? Und wie gelangt man dorthin? Der kleine Bär wendet sich an die großen Tiere und möchte sie dazu bringen, ihn aufzufressen, damit er den Bärenhimmel finden kann. Er läuft von Tier zu Tier, doch keines will ihn fressen – er muss alleine begreifen, was mit dem Bärenhimmel gemeint sein könnte. Nur die kluge Eule meint: *»Du bist doch noch kein Opa. Schau dich um: Die Erde ist wunderbar.«* Das schwierige Thema des Abschiednehmens wird liebevoll aufgegriffen und auf schlichte Weise eindrücklich dargestellt.

Glenn Ringtved: Warum, lieber Tod?[24]

»Und der Tod nickte, denn er liebte Kaffee – am besten stark und schwarz wie die Nacht.«

Der personifizierte Tod – dunkle Gestalten, die den Sterbenden ins Jenseits führen – steht in einer langen Tradition von Dichtung und Malerei. In diesem Bilderbuch wird der traurige alte Mann im schwarzen Gewand zum Geschichtenerzähler. Er erzählt den vier Kindern, deren Großmutter er abholen muss, die Geschichte von den Brüdern Leid und Weinen und den Schwestern Freude und Lachen. In dieser Allegorie führt er den Kindern das untrennbare Zusammenspiel von Leid und Freude, Weinen und Lachen und so auch von Tod und Leben vor Augen. Die vier Geschwister verstehen die Geschichte, die der Tod erzählt, zwar unterschiedlich, doch alle ahnen, dass der Tod Recht hat. Schweren Herzens, aber getröstet können sie von ihrer Oma Abschied nehmen. Zarte Aquarellbilder zeigen, wie sich die traurige farblose Welt der Brüder Leid und Weinen mit jener der bunten und fröhlichen Welt der Schwestern Freude und Lachen vermischt.

Jutta Treiber: Die Blumen der Engel[25]

»›Weiße Lilien sind die Blumen der Engel‹, sagt Oma. ›Papa und Mama
wollen einen Kranz mit lauter Sonnenblumen.‹«

Eine Sekunde genügt, um alles zu verändern. Eine Sekunde Unauf-
merksamkeit und Mara lebt nicht mehr. Sonjas kleine Schwester ist bei
einem Autounfall getötet worden. Die furchtbare Nachricht trifft die
ganze Familie, lässt die Zeit stillstehen, treibt dunkle Farben in die Bilder, in die Tage, die nichts mehr Alltägliches haben, denn Mara ist
nicht mehr da. Eine Standuhr ohne Zeiger begleitet den Bericht vom
Umfalltod des kleinen Mädchens. Sonja kommt es vor, als wäre sie in
einen Glaskasten eingeschlossen, aus dem sie nicht mehr heraus kann.
Solange alle in ihrer Trauer gefangen sind, können sie einander nicht
helfen. Sonja fühlt sich übersehen und nicht mehr geliebt. Ihr
Schmerz schließt sie von allen anderen aus. Fragen bleiben unbeantwortet: »Wo ist Mara jetzt?« Aber wie Puzzleteile finden sich Sätze, die
trösten, findet sich Maras Lieblingspuppe, mit der jetzt Sonja spricht,
findet sich die Figur eines kleinen Engels, den Sonja endlich auch
ihren Eltern zeigen mag. Das verringert den Verlust nicht, schenkt aber
Vertrauen und Geborgenheit. Am Ende geht Sonja dem warmen
Orangerot einer Tür entgegen und die Uhr hat zumindest ihre Zeiger
wiedergewonnen. Durch die besonderen Farben und die gewählten
Symbole gelingt es gut, Unaussprechliches auszudrücken und die
Gefühlswelt eines Geschwisterkindes nach dem Verlust der geliebten
Schwester nachzuzeichnen.

Inger Hermann: Du wirst immer bei mir sein[26]

»Nein, sehen kann er ihn nicht. Aber er spürt ihn. Ganz wirklich
spürt er ihn.«

Eine Familie ist auf dem Weg in den Urlaub, die Kinder albern im Auto
herum und versuchen, die lange Fahrzeit durch Spiele zu überbrücken.
Plötzlich geraten sie in ein Unwetter – und verunglücken. Als der fünfjährige Peter im Krankhaus aufwacht, erzählt ihm die Mutter, dass der
Vater bei dem Umfall gestorben ist. Der Junge kann und will das nicht
glauben. Er hört immer wieder die Stimme des Vaters, erspürt dessen
Gegenwart. Mit seinen Fragen geht er zu seinem Großvater:»Glaubst

du denn, dass der Papa tot ist? Richtig tot?«, »Wie meinst du das, Peter?« Seine Schwester Ulrike sagt, Peter träume einfach nur vom Papa. Aber Peter sieht das anders:»Manchmal, da ... ich weiß nicht ... als ob der Papa neben mir sitzt. Ganz lebendig.« Es ist für Peter schwer, die Endgültigkeit des Todes zu akzeptieren, und er pendelt zwischen der traurigen Wirklichkeit und seiner Wunschvorstellung hin und her. Opa findet klare und tröstliche Worte für seine Enkelkinder:»Er ist richtig tot. Alles, was an eurem Papa sterben kann, ist tot. Aber seine Seele, seine Liebe zu dir und zu Peter und zu Mama, die ist da. Und manchmal, da kann man es spüren, ganz nah – und ganz wirklich.« Die harmonischen Bilder unterstreichen eine zuversichtliche Grundstimmung, getragen von dem Wissen, dass die Liebe nicht durch den Tod endet.

Ulf Nilsson: Die besten Beerdigungen der Welt[27]

»Wir zeigten Putte den geheimen Pfad und zusammen begruben
wir unsere geliebte Freundin, die Spitzmaus.«

Drei Kinder – Ester, Putte und der Ich-Erzähler – kommen eines Tages auf die Idee, ein Beerdigungsinstitut für Tiere zu gründen. Schließlich gibt es so viele tote Tiere, die im Gebüsch und auf der Wiese liegen und kein Grab haben, keine Grabrede bekommen und niemanden, der sich um sie kümmert. Mit Eifer machen sich die Kinder auf die Suche nach toten Tieren und finden in einer Waldlichtung auch einen Ort, der sich als Tierfriedhof gut eignet. Zwischen den Kindern gibt es eine klare Aufgabenverteilung: Ester ist für das Graben zuständig, Putte für das Weinen und der Ich-Erzähler für das Verfassen von Gedichten für die Verstorbenen. In ihrem Bestattungskoffer liegen: Schaufel, Holz für Holzkreuze, Hammer, Nägel, viele Schachteln für Särge, hübsche Grabsteine, Pinsel und Farben, Samen, aus denen Blumen werden sollen, fertige Blumen – gelbe und rote. Die kleinen Totengräber beschäftigen sich mit vielen Fragen, die auch ihr eigenes Leben und Sterben betreffen, und suchen nach geeigneten Antworten: »Ich?«, sagte er. »Sterben?« »Doch nicht jetzt, dummes Kind«, sagte Ester. »Wenn du ein alter Opa bist«, sagte ich, »dann stirbst du.« Kindern eröffnet dieses Buch einen unsanktionierten und angstfreien Umgang mit »letzten Dingen«. Für Erwachsene bietet es eine einmalige Gelegenheit, das

Bedürfnis von Kindern im Vorschulalter, dem Tod auf die Spur zukommen, nachzuempfinden.

Peter Schössow: Gehört das so??! Die Geschichte von Elvis[28]

»Wir weinten ein bisschen, nahmen uns in die Arme und malten uns aus,
wie es wohl werden würde …«

Ein kleines Mädchen mit einer großen knallroten Omahandtasche läuft schreiend durch den Park und erregt dadurch große Aufmerksamkeit. Was ist nur los mit diesem Mädchen? Die Kleine bleibt stehen und schreit verzweifelt wütend:»Gehört das so??!« Niemand weiß Bescheid, was sie meint. Sie zieht weiter und überall, wo sie Menschen trifft, bleibt sie stehen und schreit ihr»Gehört das so??!« heraus. Alle rundherum sind sprachlos und nur»die Lange« traut sich, genauer nachzufragen:»Was ist eigentlich los mit dir?« Und da bricht es aus dem kleinen Mädchen heraus: Ihr heiß geliebter Elvis, ihr kleiner Vogel, ist einfach tot. Jetzt beginnt man die Kleine zu verstehen: Abschied ist traurig, Abschied macht wütend. Die Parkbesucher und die Kleine begraben gemeinsam Elvis. Nach der Erdbestattung sitzen sie zusammen und sprechen über ihn, wie er so war und wie das wohl so wäre, wenn er jetzt vielleicht mit dem»anderen Elvis« Musik macht – und da müssen sie alle lachen, obwohl sie doch so traurig waren … Dieses Buch zeigt, dass sich auch hinter Wut und Aggression eine tiefe Trauer verbergen kann und wie Mitteilung und gemeinsames Tun Trost und Erleichterung bringen.

Udo Weigelt: Der alte Bär muss Abschied nehmen[29]

»Wenn man schon irgendwann sterben muss und es nun wirklich gar
nicht anders geht – was ist denn dann, wenn man tot ist?«

Nach einem langen und erfüllten Bärenleben wird der alte Bär krank und schwach. Alle Tiere kommen zu ihm und er sagt ihnen, dass seine Zeit um ist und dass er jetzt bald sterben wird. Die Tiere verstehen das nicht. Sie können sich überhaupt nicht vorstellen, wie ein Leben ohne Bär aussehen soll. Und dann ist da noch der kleine Fuchs, der noch so viele Fragen hat. Was heißt denn das überhaupt: Sterben? Und wohin geht der Bär denn, wenn er stirbt? Und wen wird er dort treffen? Und was sollen die Tiere ohne ihn tun? In einem langen Gespräch versucht der Bär, dem kleinen Fuchs seine Fragen so gut es geht zu beantworten. Dann stirbt der Bär. Der kleine Fuchs ist traurig und auch ein wenig böse. Alle Tiere kommen zusammen, denken noch einmal an alles, was der Bär für sie getan hat, und nehmen zur Erinnerung noch etwas vom Bären mit – auch der kleine Fuchs tut das, obwohl er sicher ist, dass er solche Dinge nicht braucht, weil er sich ohnehin immer an den alten Bären erinnern wird. Mit diesem Bilderbuch gelingt es gut, auf kindgerechte Weise Trauer darzustellen und gleichzeitig hoffnungsvoll auf den Lebenskreislauf hinzuweisen. Unterstützt werden die Aussagen durch klare Illustrationen.

Marit Kaldhol: Abschied von Rune[30]

»Er wird Sara nie mehr anlächeln und sie nie mehr umarmen.
Rune ist tot.«

Erzählt wird die Geschichte von Sara und Rune, zwei miteinander befreundeten Kindern. Sie spielen oft gemeinsam unten am Wasser. Rune verabschiedet sich, um mit dem Boot nach draußen zu fahren. Sara ahnt nicht, dass sie ihn danach nie wiedersehen wird. Rune ertrinkt. Die Eltern erklären Sara Runes Tod ohne Beschönigung und machen ihr keine falschen Hoffnungen auf ein Wiedersehen in dieser Welt. Nach der Beerdigung kehrt der Winter ein. Die Zeit vergeht – der Verlauf des Winters und der langsam beginnende Frühling wird durch weich gezeichnete Bilder dargestellt und steht symbolisch für die Zeit der aktiven Auseinandersetzung mit Runes Tod – und Sara kehrt mit ihrer Mutter an das Grab ihres Freundes zurück. In einer stillen Szene nimmt sie Abschied von Rune.»Wenn wir an ihn denken, können wir ihn ja in uns drin sehen«, sagt die Mutter. Die klare, ehrliche Sprache einerseits und die ganz auf die Gefühle der Kinder eingehenden Bilder andererseits machen dieses Buch zu einem guten Trauer-Begleiter.

Wolf Erlbruch: Ente, Tod und Tulpe[31]

»›So ist es also, wenn ich tot bin‹, dachte sie. ›Der Teich – allein.
Ganz ohne mich.‹«

In einfachen, wunderbaren Bildern und knappen Texten wird die Geschichte von einer Ente erzählt, die eines Tages bemerkt, dass der Tod sie begleitet. Zuerst erschrickt sie und meint, dass er sie holen kommt, doch der Tod meint: »Ich bin schon in deiner Nähe, solange du lebst – nur für den Fall.« Ente und Tod beginnen ein Gespräch über das, was der Tod meint, wenn er sagt: »nur für den Fall«. Sie gehen gemeinsam zum Teich, sprechen über Engel und die Hölle, klettern auf einen Baum und überlegen sich, wie das wohl so sein wird mit dem Teich, wenn die Ente gestorben ist. Die Zeit vergeht und eines Tages ist es der Ente sehr kalt, sie bittet den Tod, sie zu wärmen. Behutsam nimmt der Tod die Ente in seine Arme, trägt sie zum Fluss, legt sie aufs Wasser, legt eine dunkelrote Tulpe auf ihre Brust und gibt ihr vorsichtig einen Schubs. »Lange schaute er ihr nach. Als er sie aus den Augen verlor, war der Tod fast ein wenig betrübt.« Mit großer Leichtigkeit und philosophischer Weisheit sucht Erlbruch durch seine Zeichnungen und Texte Denkanstöße zu elementaren Lebensfragen zu geben: Was hat es mit dem Tod auf sich? Ist er immer da? Muss man ihn fürchten, lieben oder akzeptieren? Was geschieht nach dem Tod? Ein wunderbar tröstliches Buch speziell für Eltern, die sich gemeinsam mit ihren Kindern mit dem Thema Leben und Sterben auseinandersetzen wollen.

Brigitte Endres: Familie Patchwork! Nils und seine neue Familie[32]

»Ich kann doch nichts dafür, dass ich einen Zweit-Papa kriege!«

Seit Papa ausgezogen ist, lebt Nils mit seiner Mama allein. Er findet das gar nicht so schlimm, er kann ja seinen Papa immer wieder einmal besuchen. Im Kindergarten hat er seine Freundin Emma gefunden, die mit ihrem Papa allein lebt. Die beiden Kinder verstehen sich gut. Doch als Nils' Mama und Emmas Papa sich verlieben und beschließen, zusammenzuziehen, finden die Kinder das gar nicht lustig. Nils will auch seinen Papa nicht traurig machen ... Nils ist sauer und will vom neuen Familienglück nichts wissen. Am Umzugstag sieht er, dass

Emma es eigentlich noch schlimmer hat, sie muss ja auch noch in eine neue Wohnung ziehen. Zum Glück bringt sie viele neue Spielsachen mit, die Nils interessieren, und Emmas Papa baut auch gleich eine tolle Ritterburg. In der Nacht wacht Nils auf und schleicht sich zu Mama. Auch Emma wacht auf und schleicht sich zu Papa. Als sie am Morgen zu viert aufwachen meint Nils: »Wir brauchen ein größeres Bett«, sagt er. »Ein Bett für vier!« *Familie Patchwork!* spricht viele wichtige Konflikte von Scheidungskindern einfühlsam und kindgemäß an, wenngleich die angebotene Lösung in vielen Fällen leider eine Wunschvorstellung bleibt. Im Anhang sind speziell für Scheidungssituationen erarbeitete pädagogische Hinweise zu finden.

Jeanette Randerath: Fips versteht die Welt nicht mehr.
Wenn Eltern sich trennen[33]

»›Konnte er denn die Eltern nicht wieder zusammenbringen?‹ fragte Fips.
›Nein, das war unmöglich. Er konnte nichts daran ändern.‹«

Fips ist ein kleiner Dackelterrier. Seine Eltern haben sich getrennt; das kann er nicht verstehen. Er ist traurig und wütend und ratlos. Manchmal kläfft er seine Mama an, dann wackelt er traurig hinter seinem Papa her. Fips fühlt sich zwischen den Eltern hin und her gerissen und überlegt, ob er die beiden nicht wieder zusammenbringen kann. Aber Bruno, ein alter und erfahrener Hund, sagt zum kleinen Fips, dass das nicht geht, dass da nichts zu machen ist. Bruno sagt aber auch, dass Fips nicht schuld daran ist, dass Mama und Papa sich trennen. Er hilft dem Kleinen, sich und die Welt ein bisschen besser zu verstehen. Fips meint: »Ich habe Ohren wie mein Vater und eine Schnauze wie meine Mutter.« »Und trotzdem bist du ein ganz besonderes Hundekind«, fügt Bruno hinzu. Einfühlsam setzt sich dieses Buch mit den Gedanken und Gefühlen von Scheidungskindern auseinander und zeigt behutsam Bewältigungsmöglichkeiten auf. Die pastellfarbenen Bilder unterstützen die Erzählung sensibel. Im Nachwort findet man einige Informationen des Kinderschutzzentrums.

Monika Weitze: Wie der kleine rosa Elefant einmal sehr traurig war und wie es ihm wieder gut ging[34]

»Das ist wirklich traurig, wenn man den allerbesten Freund verliert.« Und dann legte sie ihren Rüssel um den kleinen Elefanten.

Benno und sein allerbester Freund Freddi sind unzertrennlich und haben sehr viel Spaß miteinander. Doch eines Tages muss Freddi mit seiner Elefantenherde weiterziehen. Traurig bleibt Benno zurück. Er ist so traurig, dass er nicht mehr spielen und auch nicht mehr essen mag. Zum Glück gibt es die alte weise Eule Heureka, die jeden Abend am gleichen Platz sitzt und den Tieren zuhört. Sie hört auch Benno zu, der sich seinen Kummer von der Seele reden kann. Der kleine rosa Elefant spricht über seinen Freund und lässt seinen Tränen freien Lauf. Er erzählt von den vielen lustigen Spielen und erinnert sich an aufregende Abenteuer, die er gemeinsam mit Freddi erlebt hat. Der Schmerz über die Trennung kann so leichter bewältigt werden und langsam kehrt die Freude zurück in Bennos Leben, er findet neue Freunde und Freddi bekommt einen Platz in seinem Herzen. Einfühlsam wird in diesem sehr schön illustrierten Bilderbuch das Thema Abschied von Freunden aufgegriffen.

Geschichten und Märchen

Neben Bilder- und Kinderbüchern können auch Geschichten und Märchen dabei helfen, wichtigen Lebensthemen auf die Spur zu kommen und einen tiefen inneren Trost geben. Kinder können ihre Gefühle und Empfindungen oft nicht so recht in Worte fassen, und ihre Fragen bringen nicht immer den eigentlichen Kern des kindlichen Bedürfnisses zum Ausdruck. So ist beispielsweise die großen Sehnsucht, ganz und gar geliebt und niemals allein gelassen zu werden, eng mit der Angst verbunden, diese Liebe zu verlieren. Gerade im Zusammenhang mit Tod und Sterben wird das Thema Liebesverlust stark spürbar, kann jedoch selten an- und ausgesprochen werden. Auch sind aufkeimende Ängste und Fragen nicht immer auf einer rationalen Ebene zu klären. Hier verstehen es Märchen besonders gut, existenzielle Bedürfnisse und Fragen der Kinder aufzugreifen und auf elementare Ängste einzugehen. Dabei ist die Art und Weise, wie Märchen

Lösungen bereithalten, weit von einem erklärenden rationalen Ansatz entfernt. Vielmehr werden in einer bildhaften Sprache »Denk-Möglichkeiten« angeboten, die zum einen zutiefst philosophische Dimensionen in sich bergen und zum anderen die Sehnsucht der Kinder nach Sicherheit, Zukunft und immerwährender Liebe erfüllen. Der wohl berühmteste und allen bekannte Märchensatz »Und wenn sie nicht gestorben sind, so leben sie noch heute« drückt ebenso wie »Sie lebten vergnügt bis an ihr seliges Ende« jene Hoffnung nach einem guten Ende aus, nach der sich Kinderherzen sehnen.

Wie bei den Bilder- und Kinderbüchern ist es auch bei den Märchen sinnvoll, wenn die Erwachsenen sich zunächst einmal selbst mit dem Text vertraut machen und ihn auf sich wirken lassen. Welche Stimmung erzeugt das Märchen, welche Figuren sind Hoffnungsträger, wie geht das Märchen aus? Vielleicht taucht in der Erinnerung auch ein Lieblingsmärchen aus der Kindheit auf? Im Vordergrund jeder »Märchenstunde« steht das gemeinsame Erleben, das Eintauchen in eine Bilderwelt, die keiner Erklärung bedarf, sondern für sich steht und stehen soll. Die Stunden des Vorlesens oder freien Erzählens sind für Kinder ein ganzheitliches Ereignis, bei dem sie vielfältige Nahrung erhalten: Der Körperkontakt schenkt Wärme und Geborgenheit, der Klang der Stimme gibt Sicherheit, der Duft von Mama oder Papa signalisiert Vertrautheit, und die Bilderwelt des Märchens spricht die kindliche Gedanken- und Gefühlswelt auf besondere Weise an. Sie zeigt Auswege aus schwierigen Situationen, schickt wundersame Helfer, straft die Bösen, belohnt die Guten und macht es möglich, dass am Ende »alles gut wird«!

Die Rose

Es war einmal eine arme Frau, die hatte zwei Kinder. Das jüngste musste alle Tage in den Wald gehen und Holz holen. Als es wieder einmal losgegangen war, kam ein kleines Kind, das half ihm fleißig Holz auflesen und trug es auch bis zum Haus der Mutter. Und kaum war ein Augenblick vergangen, war es auch schon verschwunden. Das Kind erzählte alles seiner Mutter, die wollte es aber nicht glauben. Da brachte es eine Rose mit und sagte, das schöne Kind hätte ihm diese Rose gegeben und ihm gesagt, wenn die Rose aufgeblüht wäre, dann wolle es wiederkommen. Die Mutter stellte die Rose ins Wasser. Eines Morgens kam das Kind gar nicht aus dem Bett heraus; die Mutter ging zum Bett hin und fand das Kind tot; es lag aber ganz anmutig da. Und die Rose war am selben Morgen aufgeblüht.[35]

Die Sterntaler

Es war einmal ein kleines Mädchen, dem war Vater und Mutter gestorben, und es war so arm, dass es kein Kämmerchen mehr hatte, darin zu wohnen, und kein Bettchen mehr, darin zu schlafen, und endlich gar nichts mehr als die Kleider auf dem Leib und ein Stückchen Brot in der Hand, das ihm ein mitleidiges Herz geschenkt hatte. Es war aber gut und fromm. Und weil es so von aller Welt verlassen war, ging es, im Vertrauen auf den lieben Gott, hinaus ins Feld. Da begegnete ihm ein armer Mann, der sprach: »Ach, gib mir etwas zu essen, ich bin so hungrig.« Es reichte ihm das ganze Stückchen Brot und sagte: »Gott segne dir's!« und ging weiter. Da kam ein Kind, das jammerte und sprach: »Es friert mich so an meinem Kopf, schenk mir etwas, womit ich ihn bedecken kann.« Da tat es seine Mütze ab und gab sie ihm. Und als es noch eine Weile gegangen war, kam wieder ein Kind und hatte kein Leibchen an und fror: da gab es ihm seins; und noch weiter, da bat eins um ein Röcklein, das gab es auch von sich hin. Endlich gelangte es in einen Wald, und es war schon dunkel geworden, da kam noch eins und bat um ein Hemdlein, und das fromme Mädchen dachte: »Es ist dunkle Nacht, da sieht dich niemand, du kannst wohl dein Hemd weggeben«, und zog das Hemd ab und gab es auch noch hin. Und wie es so stand und gar nichts mehr hatte, fielen auf einmal die Sterne vom Himmel und waren laute harte blanke Taler. Und obwohl es sein Hemdlein weggegeben, so hatte es ein neues an, und das war vom allerfeinsten Linnen. Da sammelte es sich die Taler hinein und war reich für sein Lebtag.[36]

Sneewittchen (Textausschnitt)

Die Zwerglein, wie sie abends nach Haus kamen, fanden Sneewittchen auf der Erde liegen, und es ging kein Atem mehr aus seinem Mund, und es war tot. Sie hoben es auf, suchten, ob sie was Giftiges fänden, schnürten es auf, kämmten ihm die Haare, wuschen es mit Wasser und Wein, aber es half alles nichts; das liebe Kind war tot und blieb tot. Sie legten es auf eine Bahre und setzten sich alle Siebene daran und beweinten es und weinten drei Tage lang. Da wollten sie es begraben, aber es sah noch so frisch aus wie ein lebender Mensch und hatte noch seine schönen roten Backen. Sie sprachen: »Das können wir nicht in die schwarze Erde versenken«, und ließen einen durchsichtigen Sarg von Glas machen, dass man es von allen Seiten sehen konnte, legten es hinein und schrieben mit goldenen Buchstaben seinen Namen darauf und dass es eine Königstochter wäre. Dann setzten sie den Sarg hinaus auf den Berg, und einer von ihnen blieb immer dabei und bewachte ihn. Und die Tiere kamen auch und beweinten Sneewittchen, erst eine Eule, dann ein Rabe, zuletzt ein Täubchen.[37]

Die Boten des Todes

Vor alten Zeiten wanderte einmal ein Riese auf der großen Landstraße, da sprang ihm plötzlich ein unbekannter Mann entgegen und rief: »Halt! Keinen Schritt weiter!«»Was«, sprach der Riese, »du Wicht, den ich zwischen den Fingern zerdrücken kann, du willst mir den Weg vertreten? Wer bist du, dass du so keck reden darfst?«»Ich bin der Tod«, erwiderte der andere, »mir widersteht niemand, und auch du musst meinen Befehlen gehorchen.« Der Riese aber weigerte sich und fing an, mit dem Tod zu ringen. Es war ein langer, heftiger Kampf, zuletzt behielt der Riese die Oberhand und schlug den Tod mit der Faust nieder, dass er neben einem Stein zusammensank. Der Riese ging seiner Wege, und der Tod lag da besiegt und war so kraftlos, dass er sich nicht wieder erheben konnte. »Was soll daraus werden«, sprach er, »wenn ich da in der Ecke liegen bleibe? Es stirbt niemand mehr auf der Welt, und sie wird mit Menschen angefüllt werden, dass sie nicht mehr Platz haben, nebeneinander zu stehen.« Indem kam ein junger Mensch des Wegs, frisch und gesund, sang ein Lied und warf seine Augen hin und her. Als er den Halbohnmächtigen erblickte, ging er mitleidig heran, richtete ihn auf, flößte ihm aus seiner Flasche einen stärkenden Trank ein und wartete, bis er wieder zu Kräften kam. »Weißt du auch«, fragte der Fremde, indem er sich aufrichtete, »wer ich bin und wem du wieder auf die Beine geholfen hast?«»Nein«, antwortete der Jüngling,

»ich kenne dich nicht.«»Ich bin der Tod«, sprach er, »ich verschone niemand und kann auch mit dir keine Ausnahme machen. Damit du aber siehst, dass ich dankbar bin, so verspreche ich dir, dass ich dich nicht unversehens überfallen, sondern dir erst meine Boten senden will, bevor ich komme und dich abhole.«»Wohlan«, sprach der Jüngling, »immer ein Gewinn, dass ich weiß, wann du kommst, und so lange wenigstens sicher vor dir bin.« Dann zog er weiter, war lustig und guter Dinge und lebte in den Tag hinein. Allein Jugend und Gesundheit hielten nicht lange aus, bald kamen Krankheiten und Schmerzen, die ihn bei Tag plagten und ihm nachts die Ruhe wegnahmen. »Sterben werde ich nicht«, sprach er zu sich selbst, »denn der Tod sendet erst seine Boten; ich wollte nur, die bösen Tage der Krankheit wären erst vorüber.« Sobald er sich gesund fühlte, fing er wieder an, in Freuden zu leben. Da klopfte ihm eines Tages jemand auf die Schulter: Er blickte sich um, und der Tod stand hinter ihm und sprach: »Folge mir, die Stunde deines Abschieds von der Welt ist gekommen!«»Wie«, antwortete der Mensch, »willst du dein Wort brechen? Hast du mir nicht versprochen, dass du mir, bevor du selbst kämest, deine Boten senden wolltest? Ich habe keinen gesehen.«»Schweig«, erwiderte der Tod, »habe ich dir nicht einen Boten über den anderen geschickt? Kam nicht das Fieber, stieß dich an, rüttelte dich und warf dich nieder? Hat der Schwindel dir nicht den Kopf betäubt? Zwickte dich nicht die Gicht in allen Gliedern? Brauste dir's nicht in den Ohren? Nagte nicht der Zahnschmerz in deinen Backen? Ward dir's nicht dunkel vor den Augen? Über das alles, hat nicht mein leiblicher Bruder, der Schlaf, dich jeden Abend an mich erinnert? Lagst du nicht in der Nacht, als wärst du schon gestorben?« Der Mensch wusste nichts zu erwidern, ergab sich in sein Geschick und ging mit dem Tode fort.[38]

Die Geschichte einer Mutter (Textausschnitt)

Eine Mutter saß bei ihrem kleinen Kind, sie war so traurig, hatte solche Angst, es würde sterben. Es war so bleich, die kleinen Augen waren geschlossen, es holte so leise Atem, und bisweilen tat es einen so tiefen Zug, als ob es seufzte, und die Mutter blickte die kleine Seele noch kummervoller an.

Da klopfte es an die Tür, und ein armer alter Mann kam herein, in

144

so etwas Ähnliches wie ein große Pferdedecke gewickelt, denn die hält warm, und das hatte er nötig, denn es war ja kalter Winter; draußen lag alles voller Eis und Schnee, und der Wind wehte so heftig, dass er einem ins Gesicht schnitt.

Und da der alte Mann vor Kälte schlotterte und das Kindchen einen Augenblick schlief, stand die Mutter auf und stellte eine kleine Kanne mit Bier in den Ofen, um es für ihn zu wärmen, und der Mann saß da und schaukelte die Wiege, und die Mutter setzte sich auf den Stuhl dicht neben ihn, blickte auf ihr krankes Kind, das so tief Atem holte, und hob seine kleine Hand.

»Meinst du nicht, dass ich ihn behalte?«, sagte sie. »Der liebe Gott wird ihn mir nicht nehmen!«

Und der alte Mann, es war der Tod selber, der nickte so sonderbar, es konnte ebenso gut Ja wie Nein bedeuten. Und die Mutter blickte auf ihren Schoß, und die Tränen strömten ihr über die Wangen – der Kopf wurde ihr so schwer, drei Tage und drei Nächte lang hatte sie kein Auge zugetan, und nun schlief sie, aber nur einen Augenblick, da fuhr sie hoch und zitterte vor Kälte: »Was ist das!«, sagte sie und sah sich nach allen Seiten um, aber der alte Mann war weg, und ihr kleines Kind war weg, er hatte es mitgenommen; und drüben in der Ecke rasselte die alte Uhr, das große Bleigewicht lief ab, bis auf den Fußboden runter, bumm! Und nun stand auch die Uhr still. Aber die arme Mutter rannte aus dem Haus und rief nach ihrem Kind.

Dort draußen, mitten im Schnee, saß eine Frau mit langen schwarzen Kleidern und sie sagte: »Der Tod ist in deiner Stube gewesen, ich sah, wie er mit deinem kleinen Kind forteilte; er geht schneller als der Wind, er bringt niemals zurück, was er einmal genommen hat!«

»Sag mir nur, wo er entlanggegangen ist!«, sagte die Mutter. »Sag es mir, und ich werde ihn suchen!«

»Ich weiß den Weg!«, sagte die Frau in den schwarzen Kleidern. »Aber bevor ich es dir sage, musst du mir erst alle Lieder singen, die du deinem Kinde vorgesungen hast! Ich habe sie so gern, ich habe sie schon gehört. Ich bin die Nacht, ich sah deine Tränen, während du sie sangest!«

»Ich will sie alle, alle singen!«, sagte die Mutter. »Aber halte mich nicht auf, damit ich ihn einholen kann, damit ich mein Kind suchen kann!«

Aber die Nacht saß stumm und still, da rang die Mutter die Hände, sang und weinte, und es waren viele Lieder, aber noch mehr Tränen; und dann sagte die Nacht: »Geh nach rechts, in den dunklen Tannenwald hinein, dort sah ich den Tod mit deinem kleinen Kind entlanggehen.« […]

[Die Mutter geht weiter. Immer wieder trifft sie auf Helfer, die ihr den richtigen Weg zeigen, doch jedes Mal muss sie etwas von sich zurücklassen. Schließlich kommt sie an einen großen See, den es zu überqueren gilt. Für diesen Dienst verlangt der See die Augen der Mutter, die wie kostbare Perlen funkeln. Die Mutter weint und weint und weint … und ihre Augen fallen auf den Grund des Sees. Nun hebt der See die Mutter hoch hinauf und trägt sie an das andere Ufer. Dort steht das Treibhaus des Todes, in dem viele Pflanzen – die Seelen der Verstorbenen – wachsen und die von einer alten Frau betreut werden.]

Und dann gingen sie in das große Treibhaus des Todes, wo Blumen und Bäume seltsam durcheinanderwuchsen. Hier standen feine Hyazinthen unter Glasglocken und hier standen große, kraftstrotzende Päonien; hier wuchsen Wasserpflanzen, manche ganz frisch, andere halb siech, und die Wasserschnecken legten sich auf sie, und schwarze Krebse kniffen sie in den Stengel. Dort standen prächtige Palmen, Eichen und Platanen, dort wuchsen Petersilie und blühender Thymian; jeder Baum und jede Blume hatten ihren Namen, jedes von ihnen war ein Menschenleben, der Mensch lebte noch, einer in China, einer in Grönland, ringsum in der Welt. Da gab es große Bäume in kleinen Töpfen, die ganz verkümmert dastanden und den Topf schier sprengen wollten, da stand an vielen Stellen eine kleine, langweilige Blume in fetter Erde, mit Moos drumherum und verzärtelt und umhegt. Aber die betrübte Mutter neigte sich über die kleinsten Pflanzen alle und hörte, wie in ihnen das Menschenherz klopfte, und unter Millionen erkannte sie das ihres Kindes.

»Da ist es!«, rief sie und streckte die Hand nach einem kleinen blauen Krokus aus, der ganz krank nach der einen Seite hinunterhing.

»Rühre die Blume nicht an«, sagte die alte Frau, »sondern stell dich hier hin, und wenn dann der Tod kommt, ich erwarte ihn jederzeit, dann lass nicht zu, dass er die Pflanze herausreißt, und drohe du ihm, du würdest es mit den anderen Pflanzen tun, dann bekommt er Angst!

Er muss nämlich dem Herrgott Rechenschaft für sie geben, keine darf herausgerissen werden, ehe er nicht die Erlaubnis gibt.«

Mit einem Mal brauste es eiskalt durch den Saal, und die blinde Mutter konnte spüren, dass jetzt der Tod kam.

»Wie hast du hierher finden können?«, fragte er. »Wie konntest du schneller herkommen als ich?«

»Ich bin eine Mutter!«, sagte sie.

Und der Tod streckte seine lange Hand nach der feinen kleinen Blume aus, aber sie legte ihre Hände fest darum, ganz dicht und dennoch voller Angst, dass sie eines der Blätter berühren könnte. Da hauchte der Tod auf ihre Hände, und sie fühlte, es war kälter als der kalte Wind, und ihre Hände sanken matt hernieder.

»Du kannst noch nichts gegen mich ausrichten!«, sagte der Tod.

»Aber das kann der Herrgott!«, sagte sie.

»Ich tue nur, was er will!«, sagte der Tod. »Ich bin sein Gärtner! Ich nehme alle seine Blumen und Bäume und pflanze sie in den großen Paradiesgarten, in dem unbekannten Land, aber wie sie dort gedeihen und wie es dort ist, das kann ich dir nicht so recht sagen.«

»Gib mir mein Kind zurück!«, sagte die Mutter und weinte und bat; mit einem Mal griff sie mit jeder Hand um eine schöne Blume dicht neben ihr und rief dem Tode zu: »Ich reiße alle deine Blumen ab, denn ich bin voll Verzweiflung!«

»Rühre sie nicht an!«, rief der Tod. »Du sagst, du seiest so unglücklich, und nun willst du eine andere Mutter ebenso unglücklich machen!«

»Eine andere Mutter?«, sagte die arme Frau und ließ sogleich die beiden Blumen los.

»Da hast du deine Augen«, sagte der Tod, »ich habe sie aus dem See herausgefischt, sie schimmerten so stark; ich wusste nicht, dass es deine Augen sind; nimm sie wieder, sie sind jetzt heller als vorher, blicke nun in den tiefen Brunnen hier neben dir hinab, ich werde die Namen der beiden Blumen nennen, die du herausreißen wolltest, und du siehst ihre ganze Zukunft, ihr ganzes Erdenleben, siehst, was du zerstören und vernichten wolltest!«

Und sie blickte in den Brunnen hinab; und es war eine Glückseligkeit zu sehen, wie die eine ein Segen für die Welt wurde, zu sehen, wie viel Glück und Freude sich um sie herum entfaltete. Und sie sah das Leben der anderen, und es war Kummer und Not, Grauen und Elend.

»Beides ist Gottes Wille!«, sagte der Tod.

»Welche von ihnen ist die Blume des Unglücks und welche des Segens?«, fragte sie.

»Das sage ich dir nicht«, sagte der Tod, »aber eins sollst du von mir erfahren, die eine Blume war deines Kindes, es war deines Kindes Schicksal, was du sahest, deines eigenen Kindes Zukunft!«

Da schrie die Mutter vor Angst:»Welche von ihnen ist mein Kind? Sag es mir! Erlöse das Unschuldige! Erlöse mein Kind von all dem Elend! Trag es lieber fort! Trag es hinein in das Reich Gottes! Vergiss meine Tränen, vergiss mein Flehen und alles, was ich gesagt und getan habe!«

»Ich verstehe dich nicht!«, sagte der Tod. »Willst du dein Kind zurückhaben, oder soll ich mit ihm dorthin gehen, worüber du nichts weißt?«

Da rang die Mutter ihre Hände, fiel auf die Knie und betete zu Gott: »Erhöre mich nicht, wenn ich gegen deinen Willen bete, welcher der beste ist! Erhöre mich nicht! Erhöre mich nicht!«

Und sie neigte den Kopf auf ihren Schoß hernieder.

Und der Tod ging mit ihrem Kind in das unbekannte Land hinein.[39]

Zum Abschluss noch eine kleine Geschichte, die aus den sogenannten Ammenmärchen, einer Sammlung europäischer Volksmärchen, stammt und speziell für kleine Kinder geeignet ist. Der typische Aufbau – gleichbleibender Wortlaut, wobei der Ausgangssatz immer um eine Sequenz erweitert wird – kommt dem kindlichen Bedürfnis nach Wiederholung und Rhythmus sehr entgegen. Doch auch die Themenaufbereitung nimmt Bezug auf typische Merkmale der Kinderwelt (vgl. S. 25 ff.) und der Kindertrauer (vgl. S. 55 ff.), bei der Lachen und Weinen oft sehr nahe beieinander liegen.

Tittymaus und Tattymaus

In einem Mauseloch wohnten einmal zwei Mäuseschwestern, Titty und Tatty. Sie hatten nie Streit und waren glücklich.

Eines Tages sagte Tittymaus zu Tattymaus:»Tattymaus, ich laufe auf das Feld und hole ein paar Körnlein zum Essen. Unsere Vorratskammer ist leer.«

Tattymaus war es recht, und Tittymaus lief auf das Feld hinaus.

Unterdessen räumte Tattymaus die Wohnung auf und begann zu kochen. Sie wollte Titty mit einem Grießbrei überraschen. Den aß sie so gern.

Als die Milch zu kochen anhub, schüttete Tattymaus den Grieß hinein. Plötzlich rutschte sie aus und fiel in den Topf. »Hilfe! Hilfe!«, schrie sie. Aber niemand hörte die arme Tattymaus, und so musste sie verbrennen.

Nach einiger Zeit kam Tittymaus nach Hause. »Tattymaus, wo bist du?«, rief sie. Als sie keine Antwort bekam, suchte sie Tatty und fand die endlich im heißen Grießbrei.

Da weinte Tittymaus bitterlich. Die Tür quietschte in den Angeln. »Was ist geschehen?«

»Ach, ach«, klagte Tittymaus, »Tattymaus ist tot, und ich wein' mir die Augen rot!«

Da rief die Tür:

»*Ist Tattymaus tot,*
und Tittymaus weint sich die Augen rot,
so schließ ich mich zu,
und im Haus ist Ruh'.«

Das Fenster hörte die Tür sich schließen und fragte: »Tür, warum hast du dich zugemacht?« Die Tür antwortete:

»Ach, Tattymaus ist tot,
Tittymaus weint sich die Augen rot,
da schloss ich mich zu,
und im Häuschen ist Ruh'.«

Das Fenster erwiderte:

»*Hast du geschlossen dein Tor,*
so mach ich am Fenster den Riegel vor.«

Knacks! War der Riegel vorgeschoben. Das hörte die Tanne und fragte:

»Fenster, warum hast du den Riegel vorgeschoben?«

»Ach, Tattymaus ist tot,
Tittymaus weint sich die Augen rot,
da hat sich geschlossen das Tor,
und ich schob meinen Riegel vor«,

sagte das Fenster.

Da begann die Tanne zu rauschen:

»Hat sich geschlossen das Tor,

und du schobst den Riegel vor,

so will ich mich rütteln

und die grünen Nadeln abschütteln!«

Und die Tanne schüttelte ihre grünen Nadeln ab.

Nun kam ein kleines Mädchen mit einem Krug Milch in der Hand und blickte erstaunt die Tanne an:

»Tanne«, sagte es, »warum hast du deine grünen Nadeln abgeschüttelt?«

»Ach«, rauschte die Tanne,

»Tattymaus ist tot,

Tittymaus weint sich die Augen rot,

geschlossen hat sich das Tor,

das Fenster schob seinen Riegel vor,

da hab ich mich gerüttelt

und meine grünen Nadeln abgeschüttelt.«

Das Mädchen wurde ganz traurig und sagte:

»Hat sich geschlossen das Tor,

das Fenster schob den Riegel vor,

du, Tanne, hast dich gerüttelt,

so gieße ich die Milch aus

vor dem kleine Mäusehaus.«

Und es goss die Milch aus, dass sie wie ein Bächlein dahin floss.

Das sah ein Mann. Er stand auf einer Leiter und schnitt Zweige ab.

»Warum hast du denn deine Milch ausgegossen«, fragte er das Mädchen.

»Ach«, sagte das Mädchen,

»Tattymaus ist tot, Tittymaus weint sich die Augen rot,

geschlossen hat sich das Tor,

das Fenster schob den Riegel vor,

die Tanne hat sich gerüttelt

und ihre grünen Nadeln abgeschüttelt,

da hab ich die Milch ausgegossen,

dass sie ist wie ein Bächlein geflossen.«

»Was nicht gar!«, schrie der Mann,

»hat sich die Tanne gerüttelt,

und ihre Nadeln abgeschüttelt,
hast du die Milch ausgegossen,
dass sie ist wie ein Bach geflossen,
so schneid' ich nicht mehr weiter
und falle von der Leiter.«
Plumps! – machte es, und der Mann purzelte von der Leiter.
Da fiel die Leiter aufs Mäusehaus,
erschreckt fuhr Titty zum Loch hinaus.
Sie weinte nicht mehr, ließ das Klagen sein
Und sprang – husch – in den Wald hinein.
Da lachte das Mädchen und schwenkte den Krug,
der Mann unter der Leiter schrie:»Nun ist's genug!«
Er kroch hinaus
und ging mit dem Mädchen vergnügt nach Haus.[40]

In der Begleitung von Kindern stellt sich natürlich die Frage, welches Bilderbuch, welche Geschichte oder welches Märchen sich besonders eignet. Dabei ist zunächst der Traueranlass zu bedenken. Welchen Verlust hat das Kind gerade zu verkraften? Auf welche Situation will ich das Kind vorbereiten? Geht es um Sterben im Alter oder um Tod durch Unglücksfälle? Geht es um den Tod von Eltern, Geschwistern, engen Freunden oder eines Haustiers? Geht es um Trennungen im sozialen Freundeskreis des Kindes oder um die Scheidung der Eltern? Möchte ich das Thema gleichsam stellvertretend z. B. an Hand von Tiergeschichten erzählt wissen oder sollen Kinder die Hauptrolle spielen? Die Antworten auf diese und ähnliche Fragen sind für die Wahl eines bestimmten Bilder- oder Kinderbuches ausschlaggebend. Darüber hinaus muss man auch die speziellen Bedürfnisse eines Kindes sowie seine soziale und familiäre Situation berücksichtigen. Wichtige Fragen in diesem Zusammenhang sind z. B.: Soll das Kind in erster Linie auf einen bevorstehenden Verlust vorbereitet werden oder soll ihm bei der Verarbeitung eines aktuellen Traueranlasses geholfen werden? Soll es durch die Figuren im Buch stellvertretend Handlungsmöglichkeiten gezeigt bekommen oder seine eigenen Reaktionen besser verstehen? Soll dem Kind mit Hilfe des Buches gezeigt werden, dass auch andere Kinder in schwierigen Situationen stecken? Je besser man über den Anlass kindlicher Trauer und das soziale Umfeld Bescheid weiß, desto eher kann eine geeignete Geschichte gefunden werden. Ganz allgemein ist neben einer pädagogisch guten Aufbereitung des Themas besonders darauf zu achten, dass die Art der Darstellung in Wort und Bild dem Geschmack der Eltern entspricht und deren Vorstellungen nicht entgegenwirkt. Es lohnt sich, ein bisschen Zeit in einem Buchgeschäft zu verbringen, gute Fachberatung einzuholen und das eine oder andere Buch selbst durchzublättern, sich in die Situation des Kindes einzufühlen und einiges für sich zu klären, wie z. B.: »Gefällt mir das Buch (Illustration, Art der Sprache, Aufmachung)?«, »Wie wirkt das Buch auf mich und welche Erinnerungen und Gefühle löst es bei mir selbst aus?« oder: »Entspricht das Buch meinen Vorstellungen zum Thema (Gedanken zu Jenseitsvorstellungen, religiöser Ansatz, ethische Vorstellungen, brauchbare praktische Hinweise)?«

Bezüglich der Frage, welches Buch für welches Alter geeignet ist, lassen sich schwer allgemeingültige Aussagen treffen. Meistens werden im Buch selbst auch nur sogenannte »ab-Altersempfehlungen« angeführt, was nicht bedeutet, dass diese Bücher für ältere Kinder nicht geeignet sind. In der Praxis ist es häufig so, dass Kinder ihren eigenen Zugang zu Worten und Bildern der Bücher finden und sich jeweils das herausgreifen, was für sie im Augenblick verständlich, wichtig und im weitesten Sinn »heilsam« ist – egal ob sie dafür theoretisch »zu klein« oder »zu groß« sind. »Zur Sicherheit« empfiehlt es sich, zunächst gemeinsam das Buch anzuschauen und die Reaktionen des Kindes zu beobachten. Die Bilderbuchstunden sind zudem in aller Regel mehr als eine Auseinandersetzung mit einem Thema, sie sind Stunden der emotionalen Nähe, des Kuschelns und Anschmiegens, des lustvollen Lauschens und der kreativen Anregung. Damit erfüllen sie vielfältige Funktionen und sind wahre Geschenke für den Kinderalltag, die sich tief einprägen. Oft berichten Eltern davon, dass sogar ältere Schulkinder in kritischen Zeiten auf die Bücher früher Kindertage zurückgreifen, um sich dort Erklärungshilfen zu holen oder wichtige Gefühle und Erinnerungen neu zu beleben. Kinderbücher sind zudem auch für Eltern und Erzieher wichtige Quellen, an bereits verschüttete Sichtweisen und Gefühlszustände heranzukommen und sich für Momente in die Kinderwelt entführen zu lassen. Dasselbe gilt für Märchen, deren tiefe Weisheit auch Erwachsenen immer wieder gut tut und der Seele Licht und Sonnenschein bringt.

Abbildung 31: »... und die Sonne kann wieder scheinen!«

Anhang

Anmerkungen

1 Fried (2007), S. 42.
2 Rilke (2007), S. 32.
3 Buber (1998), S. 77.
4 Rilke (1966), S. 53.
5 Abdu'l-Baha. Zitiert nach: Peseschkian (2002), S. 18.
6 Zitiert nach: Enzensberger (2006), S. 22.
7 Vgl. u. a. Bensel / Haug-Schnabel (2005); Oerter / Montada (2002); Schenk-Danzinger (2002); Piaget (2003).
8 Nilsson, U.: Die besten Beerdigungen der Welt. Illustrationen von E. Eriksson. Übersetzung von O. Könnecke. Moritz 2006, S. 12. Dieses Buch sowie die Kinderbücher in den Anmerkungen 22–34 sind auch unter der Rubrik »Bücher für Kinder« (S. 159 ff.) aufgeführt. Dort finden sich weitere Kinderbücher zu den Themen Abschied, Verlust, Tod und Trauer.
9 Vgl. Freud (1982), S. 193–213.
10 Vgl. Bowlby (2006); Kast (2006); Canacakis (2006).
11 Brüder Grimm (2005), S. 676 f. (Interpunktion und Rechtschreibung behutsam modernisiert, wie bei allen folgenden Märchentexten dieser Ausgabe.)
12 Ausländer (2005), S. 38.
13 Vgl. Sonneck et al. (2000).
14 Goethe (1997), S. 114.
15 Rilke (1996), S. 85.
16 Busta (1985), S. 87.
17 Bachmann (1995), S. 157.
18 Ausländer (2005), S. 79.
19 Rilke (1966), S. 233.
20 Dashee (1996), S. 136.
21 Strohal (1990), o. S.
22 Aus dem Englischen von Rolf Inhauser. 3. Aufl. Sauerländer 1991.
23 Illustrationen von Wolf Erlbruch. Aus dem Niederländischen von Marcel Glück. Hanser 2003.
24 Illustrationen von Charlotte Pardi. Aus dem Dänischen von Jürgen Lassig. Meinders & Elstermann 2002.
25 Illustrationen von Maria Blazejovsky. Annette Betz 2001.
26 Illustrationen von Carme Solé-Vendrell. Patmos 2000.
27 Illustrationen von Eva Eriksson. Moritz 2006.
28 Hanser 2005.

29 Illustrationen von Cristina Kadmon. NordSüd 2003.
30 Illustrationen von Wenche Oyen. Ellermann 2000.
31 Kunstmann 2007.
32 Illustrationen von Irmgard Paule. Kerle 2007.
33 Illustrationen von Imke Sönnichsen. Thienemann 2008.
34 Illustrationen von Eric Battut. Bohem 1999.
35 Brüder Grimm (2005), S. 815. (Ins Hochdeutsche übertragen.)
36 Brüder Grimm (2005), S. 667 f.
37 Brüder Grimm (2005), S. 305 f.
38 Brüder Grimm (2005), S. 725 f.
39 Andersen (2005), S. 479 f.; 482–485. (Interpunktion und Rechtschreibung behutsam modernisiert.)
40 Zitiert in: Keller (2005), S. 33 f.

Literatur

Andersen, H. C.: Sämtliche Märchen in zwei Bänden. Erster Band. Vollständige Ausgabe. Aus dem Dänischen von Thyra Dohrenburg. Mit Illustrationen von V. Pedersen und L. Frølich. Mit einem Nachwort, Anmerkungen und einer Zeittafel herausgegeben von H. Detering. Artemis & Winkler 2005.

Ausländer, R.: Hinter allen Worten. Gedichte. S. Fischer 2005.

Bachmann, I.: Sämtliche Gedichte. Piper 1995.

Bensel, J. / Haug-Schnabel, G.: Grundlagen der Entwicklungspsychologie. Die ersten 10 Lebensjahre. Herder 2005.

Bettelheim, B.: Kinder brauchen Märchen. dtv 1993.

Bickel, L. / Tausch-Flammer, D.: In meinem Herzen die Trauer. Texte für schwere Stunden. Herder 2001.

Boogert, A.: Beim Sterben von Kindern. Erfahrungen, Gedanken und Texte zum Rätsel des frühen Todes. Urachhaus 1998.

Bowlby, J.: Bindung und Verlust. Band 3. Verlust, Trauer und Depression. Reinhardt 2006.

Brock, M.: ... und Tschüss. Farben zwischen Himmel und Erde. Kinder und Jugendliche sehen, erleben und erfahren Sterben, Tod und Trauer. raumzeit3 2007.

Brüder Grimm: Kinder- und Hausmärchen. Vollständige Ausgabe. Mit 184 Illustrationen zeitgenössischer Künstler und einem Nachwort von H. Rölleke. 2. Aufl. Artemis & Winkler. Düsseldorf/Zürich 2005.

Buber, M.: Alles wirkliche Leben ist Begegnung. Hundert Worte von Martin Buber. Verlag Neue Stadt 1998.

Busta, C.: Inmitten aller Vergänglichkeit. Otto Müller 1985.

Canacakis, J. / Bassfeld-Schepers, A.: Auf der Suche nach den Regenbogentränen. Heilsamer Umgang mit Abschied und Trennung. Bertelsmann 1994.

Canacakis, J.: Ich sehe deine Tränen. Lebendigkeit in der Trauer. Kreuz 2006.

Cramer, B. / Kassenbrock, G.: Tod – was ist das? Bilderbücher über Abschied, Trauer und Tod. Deutscher Verband Evangelischer Büchereien 2005.

Dashee, A.: Die Ältesten sagen. In: R. Kaiser (Hg.): Die Erde ist uns heilig. Herder 1996.

Dolto, F. / Angelino, I.: Scheidung. Wie ein Kind sie erlebt. Klett-Cotta 2008.

Dusolt, H.: Oma und Opa können helfen. Was Großeltern bei Trennung oder Scheidung tun können. Beltz 2004.

Eckardt, J.: Wohnst du jetzt im Himmel? Ein Abschieds- und Erinnerungsbuch für trauernde Kinder. Gütersloher Verlagshaus 2005.

Ennulat, G.: Kinder trauern anders. Wie wir sie einfühlsam und richtig begleiten. Herder 2008.

Enzensberger, H.: Allerleirauh. Viele schöne Kinderreime. Insel 2006.

Everding, W.: Wie ist es tot zu sein? Tod und Trauer in der pädagogischen Arbeit mit Kindern. Herder 2006.

Figdor, H.: Scheidungskinder. Wege der Hilfe. Psychosozial 1998.

Figdor, H.: Kinder aus geschiedenen Ehen. Zwischen Trauma und Hoffnung. Wie Kinder und Eltern die Trennung erleben. Psychosozial 2004.

Fleck-Bohaumilitzky, C.: Wenn Kinder trauern. Wie sie lernen, mit Verlusten umzugehen. Kindliche Vorstellungen von Leben und Tod. Die individuelle Auswirkung von Kummer. Südwest 2003.

Fleck-Bohaumilitzky, C. / Fleck, C.: Wenn Kinder vor ihren Eltern sterben. Ein Begleiter für verwaiste Eltern. Kreuz 2008.

Franz, M.: Tabuthema Trauerarbeit. Erzieherinnen begleiten Kinder bei Abschied, Verlust und Tod. Don Bosco 2004.

Freud, S.: Trauer und Melancholie. In: Studienausgabe. Hg. von A. Mitscherlich. Band 3. 4. Aufl. S. Fischer 1982.

Fried, E.: Es ist was es ist. Liebesgedichte, Angstgedichte, Zorngedichte. Neuausg. Wagenbach 1996.

Friedrich, B.: Trotzig, zornig, wütend. Umgang mit kindlichen Aggressionen. dtv 2005.

Gätjen, H.: Willi wills wissen. Wie ist das mit dem Tod? (DVD). Baumhaus 2006.

Goethe, J.W. v.: Das Leben, es ist so gut. Hundert Gedichte. Insel 1997.

Görke-Sauer, M.: Im Land der Trauer. Abschiedsrituale. Patmos 2006.

Grollman, E.: Lass deiner Trauer Flügel wachsen. Wenn man von einem lieben Menschen Abschied nehmen muss. Herder 2001.

Grün, A.: Bis wir uns im Himmel wieder sehen. Kreuz 2005.

Hesse, H.: Stufen. In: Sämtliche Werke. Band 10. Die Gedichte. Suhrkamp 2002.

Hetherington, E. u. a.: Scheidung. Die Perspektiven der Kinder. Beltz 2003.

Hinderer, P. / Krotz, M.: Kinder bei Tod und Trauer begleiten. Ökotopia 2005.

Holzschuh, W.: Geschwister-Trauer. Erfahrungen und Hilfen aus verschiedenen Praxisfeldern. Pustet 2000.

Husebö, S.: Liebe und Trauer. Was wir von Kindern lernen können. Lambertus 2005.

Jarratt, C. J.: Trennung, Verlust und Trauer. Was wir unseren Kindern sagen – wie wir ihnen helfen. Beltz 2006.

Jellenz-Siegel, B. / Prettenthaler, M. u. a.: Und was ist mit mir? Kinder im Blickpunkt bei Trennungs- und Verlusterlebnissen. Steirische Verlagsgesellschaft 2005.

Jennemann, R.: Wie Kinder im Grundschulalter den Tod erleben. Echter 2008.

Jennessen, S.: Manchmal muss man an den Tod denken ... Wege der Enttabuisierung von Sterben, Tod und Trauer in der Grundschule. Schneider Hohengehren 2007.

Jung, M.: Trennung als Aufbruch. Bleiben oder gehen? Ein Ratgeber aus der Praxis. dtv 2006.

Kachler, R.: Meine Trauer wird dich finden! Ein neuer Ansatz in der Trauerarbeit. Kreuz 2005.

Kaiser, A.: 1000 Rituale für die Grundschule. 5. Aufl. Schneider Hohengehren 2007.

Kast, V.: Zeit der Trauer. Phasen und Chancen des psychischen Prozesses. Kreuz 2006.

Keller, L.: Ammenmärchen europäischer Volker. Mellinger 2005.

Killinger, P.: Schmetterlingsflüstern. Botschaften einer Kinderseele. Kösel 2005.

Knöll, G. / Bundesverband Verwaiste Eltern in Deutschland e.V.: Du bist tot – ich lebe. Trauernde Geschwister. Books on Demand 2003.

Koch, K. / Schwertfeger, B.: Zu zweit am Ende. Phasen der Trennung. dtv 1998.

Kroen, W. C.: Da sein, wenn Kinder trauern. Hilfen und Ratschläge für Eltern und Erziehende. Herder 2002.

Kübler-Ross, E.: Kinder und Tod. Droemer Knaur 2003.

Kübler-Ross, E.: Über den Tod und das Leben danach. 33. Aufl. Silberschnur 2004.

Kübler-Ross, E.: Jedes Ende ist ein strahlender Beginn. Silberschnur 1992.

Kunze, P. / Salamander, C.: Die schönsten Rituale für Kinder. Gräfe & Unzer 2008.

Largo, R. / Czernin, M.: Glückliche Scheidungskinder. Trennungen und wie Kinder damit fertig werden. Piper 2003.

Leist, M.: Kinder begegnen dem Tod. Gütersloher Verlagshaus 2004.

Mettner-Sonego, J.: Jedes Kind hat einen Engel. Ein Inspirationsbuch für Eltern. Herder 2004.

Moritz, M.: Tod und Sterben – Kindern erklärt. Gütersloher Verlagshaus 2001.

Oerter, R. / Montada, L.: Entwicklungspsychologie. Beltz 2002.

Pauls, C. u. a: Rituale in der Trauer. Ellert & Richter 2007.

Pauls, T.: Und was kommt danach? Ein Trauerbegleitbuch für Kinder. ARTEP 2005.

Peseschkian, N.: Der nackte Kaiser. Wie man die Seele der Kinder und Jugendlichen versteht und heilt. S. Fischer 2002.

Pfrang, C. u. a.: Das große Buch der Rituale. Kösel 2007.

Piaget, J.: Das Erwachen der Intelligenz beim Kinde. Klett-Cotta 2003.

Piaget, J.: Das Weltbild des Kindes. dtv 1988.

Rilke, R. M.: Briefe an einen jungen Dichter. Vitalis 2007.

Rilke, R. M.: Lektüre für Minuten. Gedanken aus seinen Büchern und Briefen. Insel 1996.

Rilke, R. M.: Werke in drei Bänden I. Gedicht-Zyklen. Insel 1966.

Ritter, M.: Wenn ein Kind stirbt. Ein Begleiter für trauernde Eltern und Geschwister. Kreuz 2003.

Röchling, W.: Eltern und Kinder bei Trennung und Scheidung. Nomos 2006.

Schenk-Danzinger, L. / Rieder, K.: Entwicklungspsychologie. G & G 2006.

Schwikart, G.: Der Tod ist ein Teil des Lebens. Patmos 2003.

Solter, A.: Auch kleine Kinder haben großen Kummer. Über Tränen, Wut und andere starke Gefühle. Kösel 2000.

Sonneck, G. u. a.: Krisenintervention und Suizidverhütung. UTB 2000.

Specht-Tomann, M.: Wenn Kinder Angst haben. Wie wir helfen können. Patmos 2007.

Specht-Tomann, M. / Tropper, D.: Zeit zu trauern. Kinder und Erwachsene verstehen und begleiten. Patmos 2001.

Specht-Tomann, M. / Tropper, D.: Zeit des Abschieds. Sterbe- und Trauerbegleitung. Patmos 2007.

Spölgen, J. / Eichinger, B.: Wenn Kinder dem Tod begegnen. Fragen – Antworten aus dem Glauben. Sankt Ulrich 1996.

Strohal, W.: Fang noch mal an. Spuren ins neue Leben. Verlag am Eschbach 1990.

Student, J.: Im Himmel welken keine Blumen. Kinder begegnen dem Tod. Herder 2005.

Studien- und Beratungsstelle für Kinder- und Jugendliteratur (STUBE) / Lexe, H.: Deine Nähe spür ich noch ... Sterben, Tod, Trauer als Themen der Kinder- und Jugendliteratur. STUBE 2004.

Tausch-Flammer, D. / Bickel, L.: Wenn Kinder nach dem Sterben fragen. Ein Begleitbuch für Kinder, Eltern und Erzieher. Herder 2007.

Tausch-Flammer, D. / Bickel, L.: Jeder Tag ist kostbar. Endlichkeit erfahren – intensiver leben. Herder 2006.

Uffmann, A.: Trauern – und leben! Kreuz 2007.

Uffmann, A.: Mit meiner Trauer weitergehen. 365 Wege durch die Jahreszeiten des Lebens. Kreuz 2008.

Unverzagt, G.: Erzähl mir was vom Sterben! Mit Kindern über den Tod sprechen. Kreuz 2004.

Voelchert, M.: Trennung in Liebe. Damit Freundschaft bleibt. Kösel 2006.

Voß, B.: Kinder in Trauer. Kinder beim Abschiednehmen begleiten. VDM-Verlag Müller 2005.

Voß, E.: Schaut Oma uns aus dem Himmel zu? Noemi und Benjamin fragen nach dem Tod. Neukirchener 2004.

Zauberzweig, P. u. a.: Scheidung. Band 1. Was tun wir für unsere Kinder? orell füssli / pro juventute 2003.

Bücher für Kinder

Bilderbücher für die Kleinen, Bücher zum Vorlesen, Kinderbücher, Geschichtenbücher

Aakeson, K.: Erik und das Opa-Gespenst. Illustrationen von E. Eriksson. Aus dem Dänischen von D. Brunow. Oetinger 2005.

Abedi, I. / Cordes, M.: Abschied von Opa Elefant. Eine Bilderbuchgeschichte über den Tod. Ellermann 2006.

Bauer, J.: Opas Engel. Carlsen 2001.

Beer de, J.: Yashas Vater. Sauerländer 2004.

Behr, D.: Mein Opa hat Krebs. Ein Buch für Kinder über Krankheit, Tod, Trauer, Abschied aber auch den Zusammenhalt der Familie. Books on Demand 2007.

Beuscher, A. / Haas, C.: Über den großen Fluss. 3. Aufl. Sauerländer 2002.

Bley, A.: Und was kommt nach tausend? Eine Bilderbuchgeschichte vom Tod. Ravensburger 2005.

Couloumbis, A. / Hergane, Y.: Der Himmel auf dem Dach. Carlsen 2004.

Davids, B. / Münzer, G.: Eines Morgens war alles ganz anders. Lambertus 2000.

Dickerhoff, H.: Märchen im Hospiz: Erdenkinder – Waisenkinder – Königskinder. Tod, Trauer und Lebenswege in ausgesuchten Märchen. Hospiz 2007.

Dietl, E.: Hast Du mich noch lieb? Wenn Eltern sich trennen. Illustrationen von R. Michel. Sauerländer 2003.

Dietrich, B.: Abschied von Papa. Auf dem Weg ins Licht. Ein Trostbuch. Smaragd 2003.

Dietrich, B.: Ich brauche euch doch beide. Scheidung tut weh. Ein Trostbuch für Kinder. Smaragd 2004.

Dudok de Wit, M.: Vater und Tochter. Aus dem Niederländischen von A. Esterl. Verlag Freies Geistesleben 2003.

Eckardt, J.: Wohnst Du jetzt im Himmel? Ein Abschieds- und Erinnerungsbuch für trauernde Kinder. 2. Aufl. Gütersloher Verlagshaus 2005.

Enders, U. u. a.: Auf Wieder-Wiedersehen. Ein Bilderbuch über Trennung und Wiedersehen. Illustrationen und Zeichnungen von D. Wolters. Beltz 2004.

Endres, B.: Familie Patchwork! Nils und seine neue Familie. Illustrationen von I. Paule. KeRLE 2007.

Erlbruch, W.: Ente, Tod und Tulpe. Illustrationen von W. Erlbruch. Kunstmann 2007.

Erlbruch, W.: Die große Frage. 3. unveränd. Aufl. Hammer-Verlag 2007.

Fessel, K.: Ein Stern namens Mama. 3. Aufl. Oetinger 1999.

Feth, M.: Opa, ich kann Hummeln zähmen. Illustrationen von I. Pin. Sauerländer 2007.

Fried, A. / Gleich, J.: Hat Opa einen Anzug an? Hanser 1997.

Gerhardt, S.: Nach dem Regen scheint die Sonne. SCM Collection 2003.

Gilson, P.: Wenn ich nicht mehr bei dir bin, bleibt dir unser Stern. Illustrationen von C. Dubois und K. Claude. Aus dem Niederländischen von I. Fröse-Schreer. Brunnen 2004.

Goossens, P. / Robberecht, T.: Eva im Land der verlorenen Schwestern. Sauerländer 2004.

Goossens, P. / Robberecht, T.: Kleiner Drache – Große Wut. Sauerländer 2004.

Härtling, P.: Lena auf dem Dach. Illustrationen von R. Berner. 4. Aufl. Beltz 2000.

Härtling, P.: Jakob hinter der blauen Tür. Zeichnungen von P. Knorr. 2. Aufl. Beltz 2002.

Hein, C. / Berner, R.: Mama ist gegangen. Insel 2005.

Henmo, S.: Für immer mein Opa. Illustrationen von S. Scharnberg. Aus dem Norwegischen von G. Haefs. Carlsen 2006.

Hennuy, M. u. a.: Wann kommst du wieder, Mama? Ein Bilderbuch über Krebs. Illustrationen von L. Renardy. Sauerländer 2007.

Hermann, I.: Du wirst immer bei mir sein. Illustrationen von C. Solé-Vendrell. Patmos 2000.

Hicks, B.: Der Sommer, in dem meine Sonnenblume gekillt wurde. Illustrationen von R. Kehn. Aus dem Englischen von S. Hachmeister. Dressler 2006.

Hubka, C.: Wo die Toten zu Hause sind. Mit einem pädagogischen Anhang »Wie mit Kindern über den Tod reden?« Illustrationen von N. Hammerle. Tyrolia 2008

Jooß, E.: Der Engel, der keinen Namen hatte. Geschichten zum Leben und Träumen. Herder 2004.

Jooß, E. / Jooß, R.: Den Wind kann man nicht fangen. Mit den schönsten Gedichten und Geschichten durchs Jahr. Illustrationen von A. Bohnstedt. Don Bosco 2005.

Kachler, R.: Wie ist das mit der Trauer? Illustrationen von S. Reckers. Gabriel 2007.

Kaldhol, M.: Abschied von Rune. Illustrationen von W. Oyen. Ellermann 2000.

Keyserlingk, L. v.: Die schönsten Geschichten für die Kinderseele. Herder 2006.

Keyserlingk, L. v.: Matthis und der Troststein. Illustrationen von B. Mizdalski. KeRLE 2007.

Keyserlingk, L. v.: Da war es auf einmal so still. Geschichten. Herder 2001.

Kiss, G.: Papa wohnt jetzt anderswo. Picus 2007.

Kranendonk, A.: Vom Weinen kriegt man Durst. Illustrationen von S. Halfmouw. Aus dem Niederländischen von A. Kluitmann. Patmos 2000.

Linde, H.: Alles Lüge oder Wer liest schon fremde Tagebücher. Illustrationen von A. Kuhl. Übersetzung von M. Dörries. Dressler 2007.

Lindgren, A.: Mio, mein Mio. Illustrationen von I. Wikland. Aus dem Schwedischen von K. Peters. Oetinger 2007.

Lindgren, A.: Die Brüder Löwenherz. Illustrationen von I. Wikland. Aus dem Schwedischen von A. Kornitzky. 37. Aufl. Oetinger 2007.

Ludwig, S.: Weihnachtsmänner küsst man nicht. Illustrationen von S. Wilharm. Dressler 2002.

Lyoth, N. / Höfler, A.: Welche Farbe hat der Tod? Cornelsen 2002.

Maar, N. / Ballhaus, V.: Papa wohnt jetzt in der Heinrichstraße. orell fuessli / atlantis 1998.

Mariko, K.: Du bist immer noch bei mir. Carlsen 2003.

Masurel, C.: Ich hab euch beide lieb! Wenn Eltern sich getrennt haben. Illustrationen von K. MacDonald Denton. Aus dem Englischen von I. Fröse-Schreer. 3. Aufl. Brunnen 2007.

Meyer-Dietrich, I.: Flieg zu den Sternen. Illustrationen von B. Gotzen-Beek. 2. Aufl. Ravensburger 2004.

Meyer-Glitza, E.: Jacob der Angstbändiger. Geschichten gegen Kinderängste. Iskopress 2004.

Mueller, D.: Die Hälfte des Himmels gehört Bo. Illustrationen von M. Bayer. Thienemann 2006.

Napoli, D.: Als Papa das Klavier mitnahm. Übersetzung von B. Jakobeit. dtv 2004.

Nilsson, U.: Adieu, Herr Muffin. Vierfarbiges Bilderbuch. Zeichnungen von A. C. Tidholm. Übersetzung von O. Könnecke. Beltz 2007.

Nilsson, U.: Die besten Beerdigungen der Welt. Illustrationen von E. Eriksson. Übersetzung von O. Könnecke. Moritz 2006.

Nöstlinger, C.: Anna und die Wut. Illustrationen von C. Nöstlinger. Sauerländer 2008.

Nöstlinger, C.: Ein Mann für Mama. dtv 2005.

Nöstlinger, C.: Der Zwerg im Kopf. Beltz 2001.

Nöstlinger, C.: Sowieso und überhaupt. 6. Aufl. Beltz 2000.

Nöstlinger, C.: Und einen Vater hab ich auch. 4. Aufl. Beltz 2001.

Olbrich, H.: Abschied von Tante Sofia. Illustrationen von A. Leson. Kaufmann 1998.

Pauls, T.: Und was kommt danach? Ein Trauerbegleitbuch für Kinder. ARTEP 2005.

Piumini, R.: Matti und der Großvater. Illustrationen von Q. Buchholz. Übersetzung von M. Fehringer. dtv 2001.

Pohl, P. / Gieth, K.: Du fehlst mir, du fehlst mir! Aus dem Schwedischen von B. Kicherer. 5. Aufl. dtv 2006.

Randerath, J.: Fips versteht die Welt nicht mehr. Wenn Eltern sich trennen. Illustrationen von I. Sönnichsen. Thienemann 2008.

Randerath, J.: Der Abschiedsbrief von Opa Maus. Illustrationen von D. Chudzinski. Thienemann 2007.

Ringtved, G.: Warum, lieber Tod? Illustrationen von C. Pardi. Aus dem Dänischen von J. Lassig. Meinders & Elstermann 2002.

Saalfrank, H.: Abschied von der kleinen Raupe. 12. Aufl. Echter 1998.

Saegner, U.: Papa, wo bist Du? Ein Kinderbuch zu Tod und Trauer für Kinder. Hospiz 2005.

Schindler, R. / Heyduck-Huth, H.: Pele und das neue Leben. Eine Geschichte von Tod und Leben. Illustrationen von H. Heyduck-Huth. 9. Aufl. Kaufmann 2002.

Schneider, S. / Weber, M.: Papa wohnt nicht mehr bei uns. Annette Betz 2004.

Schössow, P.: Gehört das so??! Die Geschichte von Elvis. Illustrationen von P. Schössow. Hanser 2005.

Snunit, M. / Pressler, M.: Der Seelenvogel. Illustrationen von N. Golomb. Carlsen 2006.

Stalfelt, P.: Und was kommt dann? Das Kinderbuch vom Tod. Übersetzung von B. Kicherer. 8. Aufl. Moritz 2002.

Stanko, J.: Die große Reise. Kinderbuch (nicht nur) für Trennungskinder / Scheidungskinder. Illustrationen von A. Pomaska. Limette 2004.

Stanko, J.: Flieg Hilde, flieg! Illustrationen von H. Jankowski. Limette 2005.

Stellmacher, H.: Nie mehr Oma-Lina-Tag? Illustrationen von J. Lieffering. Gabriel 2005.

Treiber, J.: Die Blumen der Engel. Illustrationen von M. Blazejovsky. Annette Betz 2001.

Varley, S.: Leb wohl, lieber Dachs. Übersetzung von I. Weixelbaumer. Annette Betz 2000.

Velthuijs, M.: »Was ist das?«, fragt der Frosch. Aus dem Englischen von R. Inhauser. 3. Aufl. Sauerländer 1994.

Verroen, D.: Ein Himmel für den kleinen Bären. Illustrationen von W. Erlbruch. Aus dem Niederländischen von M. Glück. Hanser 2003.

Volmert, J.: Wir bleiben eure Eltern! Auch wenn Mama und Papa sich trennen. Illustrationen von A. Szesny. Albarello 2007.

Weigelt, U.: Der alte Bär muss Abschied nehmen. Illustrationen von C. Kadmon. 2. Aufl. NordSüd Verlag 2003.

Weitze, M.: Wie der kleine rosa Elefant einmal sehr traurig war und wie es ihm wieder gut ging. Illustrationen von E. Battut. Bohem 1999.

Weninger, B.: Miko – wo ist Mimiki? Illustrationen von S. Roehe. Michael Neugebauer Edition 2005.

Wilson, J.: Was ich mir am meisten wünsche. Illustrationen von K. Schürmann. Aus dem Englischen von G. Bean. Oetinger 2008.

Zeevaert, S.: Max, mein Bruder. 9. Aufl. Arena 1990.

Zeevaert, S.: Schön und traurig und alles zugleich. Illustrationen von A. Luchs. Beltz 2005.

Zöller, E.: Auf Wiedersehen, Mama! S. Fischer 2004.

Zitatnachweis

15/16   Erich Fried, Was es ist. Aus: ders., Es ist was es ist. © Verlag Klaus Wagenbach, Berlin 1983.

19   Martin Buber, Vertrauen, Vertrauen zur Welt ... © by Gütersloher Verlagshaus, Gütersloh, in der Verlagsgruppe Random House GmbH, München.

22   Nossrat Peseschkian, Der Erzieher, ein Gärtner. Aus: ders., Der nackte Kaiser. Wie man die Seele der Kinder und Jugendlichen versteht und heilt. © 1997 Pattloch Verlag GmbH & Co. KG, München.

93   Rose Ausländer, Nicht vorüber. Aus: dies., Wieder ein Tag aus Glut und Wind. Gedichte 1980–1982. © S. Fischer Verlag GmbH, Frankfurt am Main 1986.

116   Christine Busta, Was werden wir sein. Aus: dies., Inmitten aller Vergänglichkeit. © Otto Müller Verlag, 2. Auflage, Salzburg 1998.

117   Ingeborg Bachmann, Lieder auf der Flucht: XIV. Aus: dies., Werke, Bd. I: Gedichte. © 1978 Piper Verlag GmbH, München.

117   Rose Ausländer, Aber ich weiß. Aus: dies., Wieder ein Tag aus Glut und Wind. Gedichte 1980–1982. © S. Fischer Verlag GmbH, Frankfurt am Main 1986.

118   Alvin Dashee, Die Ältesten sagen. Aus: Rudolf Kaiser (Hg.), Die Erde ist uns heilig. HERDER spektrum Bd. 4079, S. 136. © Verlag Herder, Freiburg im Breisgau, 4. Auflage 1996.

124   Walther Strohal, Ernstnehmen heißt zuerst: hören. © Walther Strohal.

Bildnachweis

Fotos auf den Seiten 20, 27, 34, 64, 105, 153: Werner Specht, Graz
Fotos auf den Seiten 68, 72, 75, 82, 120: Monika Specht-Tomann, Graz
Abbildungen auf den Seiten 42, 67, 76, 84, 89, 98, 100: Kinderzeichnungen
Abbildungen auf den Seiten 13, 112, 127: Monika Specht-Tomann, Graz
Zeichnung auf S. 36: Julia Kläring, Wien

Monika Specht-Tomann
Wenn Kinder Angst haben
Wie wir helfen können
180 Seiten
ISBN 978-3-491-40106-8

Furcht vor der Dunkelheit, vor Trennungen, vor dem Einschlafen, aber auch vor Krankheit, Tod, Scheidung und anderen Katastrophen – immer wieder überschatten Angst und Unsicherheit die Welt der Kinder.
Welche Ängste gehören zu jeder normalen Entwicklung?
Wann werden Kinderseelen besonders belastet? Was können Eltern ganz konkret tun, um Kindern in ängstigenden Situationen Halt zu geben?
Die erfahrene Psychologin Monika Specht-Tomann zeigt, wie Erwachsene ihren Kindern liebevoll helfen können.

 Patmos

Monika Specht-Tomann
Doris Tropper
Zeit des Abschieds
Sterbe- und
Trauerbegleitung
280 Seiten
ISBN 978-3-491-72519-5

Dieses Buch spannt einen weiten inhaltlichen Bogen von der
Sterbebegleitung über die Auseinandersetzung mit zentralen
Lebensthemen Schwerstkranker, die schwierige Kommunikation
am Sterbebett bis hin zur Trauerbegleitung.
Es entsteht ein facettenreiches Bild des letzten Lebensabschnitts
von Menschen. Der Leser erhält viele Anregungen für die
individuelle Gestaltung einer Begleitung, die an den Bedürf-
nissen des Patienten orientiert ist. Fallbeispiele und meditative
Bilder tragen zu einer ganzheitlichen Sichtweise bei, die in der
Sterbe- und Trauerbegleitung notwendig ist.

 Patmos

Renate Frank
Glück
Lebe deine Stärken!
Mit einem Vorwort von
Werner Tiki Küstenmacher
170 Seiten
ISBN 978-3-491-40134-1

Jeder Mensch will glücklich sein. Doch ein erfülltes Leben ist
mehr als Wellness. Es geht um Tiefe, nicht um oberflächlichen
Genuss. Renate Frank zeigt diesen anderen Weg zum Glück:
Wenn wir uns engagiert für das einsetzen, was uns wirklich
wichtig ist, sind wir glücklicher und zufriedener.
Ein 7-Tage-Programm und viele Übungen helfen, die eigenen
Stärken zu entdecken und herauszufinden, was dem Leben
Sinn gibt. Das Praxisbuch für ein glückliches Leben.

 Patmos